给中产阶层的金融投资书

肖 琼◎著

当代中国出版社
Contemporary China Publishing House
2019年·北京

图书在版编目（CIP）数据

给中产阶层的金融投资书 / 肖琼著 . -- 北京 : 当代中国出版社 , 2019.5
ISBN 978-7-5154-0917-7

Ⅰ . ①给… Ⅱ . ①肖… Ⅲ . ①金融投资—通俗读物
Ⅳ . ① F830.59-49

中国版本图书馆 CIP 数据核字 (2019) 第 042867 号

出 版 人　曹宏举
策划编辑　陈　莎
策划支持　华夏智库 · 张　杰
责任编辑　陈　莎
责任校对　康　莹
出版统筹　周海霞
封面设计　尚世视觉
出版发行　当代中国出版社
地　　址　北京市地安门西大街旌勇里 8 号
网　　址　http://www.ddzg.net　邮箱：ddzgcbs@sina.com
邮政编码　100009
编 辑 部　（010）66572264　66572154　66572132　66572180
市 场 部　（010）66572281　66572161　66572157　83221785
印　　刷　三河市兴达印务有限公司
开　　本　710 毫米 × 1000 毫米　1/16
印　　张　15 印张　200 千字
版　　次　2019 年 5 月第 1 版
印　　次　2019 年 5 月第 1 次印刷
定　　价　48.00 元

经济新常态下的中国中产

近几年，“新常态”这个词被频繁提及。常态，指正常状态；所谓新常态，就是经过一段不正常状态后重新恢复正常状态。“新常态”这个词适用于很多领域，但若不加以说明的话，新常态一般指经济新常态。

中国经济新常态，从宏观经济角度来看，代表的是温和的GDP（Gross Domestic Product，国内生产总值）增长速度和各产业的相对成熟。特别是传统行业，正处于整合与淘汰期，基本没有空白行业，没有碰到去产能就已经算是幸运了。适合普通阶层从零开始、白手起家，晋身中产乃至富豪的路径基本不复存在。即便是当下最热门的互联网行业，也基本进入了稳定发展期，就算有新的创业项目，也很快被阿里、腾讯、百度等巨头收归麾下。对此，我们早已屡见不鲜。

那么，何为中产呢?

事实上，世界各国对“中产阶层”（或“中产阶级”）这一词并没有统一的定义或者划分标准，国内也没有一个标准阐说怎样算是中产。有人认为中产应该要有一套房、一辆车、一份大额存款，但这个房是北京二环以内的房还是五线城市郊区的房？车是路虎还是普桑？大额存款怎样才算大？也有人认为有10万元就算是中产，但某明星身家数亿也表示“自己只是个中产”，此中产自然非彼中产。于是，有人索性以美国中产为标准，事实上国人所向往的通常也是美国式中产。

美国中产分为两级，上层中产与下层中产。上层中产一般年收入在10万美元以上，多从事律师、医生、会计师、作家、编辑等职业，车、房、存款等并非硬性指标，大抵美国人并不太在意存款，美国车房的价格相对于中国也没有那么豪奢。据统计，上层中产阶层占美国总人口的15%，意味着美国的标准中产有近5000万。下层中产一般年收入在3.5万美元以上，多从事半职业、手工业和其他有一定自主权的工作人员，占美国总人口的32%。

美国式中产，得益于美国独特的历史和制度、发达的工业、全球顶尖的科技水平和处在食物链顶端的金融体系，一定程度上也是近百年来全球政治、军事、经济常态与新常态等多轮交织变动造成的。以科技为例，美国最初并非科技强国，在“一战”“二战”时期，美国对外输出大量商品、军火与资本，吸引了大量科技人员与富有家庭前往美国。美国的崛起，伴随着欧洲的衰落，当这种趋势尘埃落定，便成了新常态。此后不管美国政府态度如何，想尽办法移民美国或到美国淘金的趋势就再没有改变过。

前些年，中国的发展可以用“超快”两字来形容，这其实也是一种非常态。但非常态的东西，最终都要回归常态。始终保持高速增长，不切实际。认清中国正处于经济新常态下，有利于政府做出宏观经济政策与战略调整，例如，去产能和“一带一路”；也有利于民众在回归理性的基础上，夯实个人经济基础，谋求稳稳的幸福。

曾经，在很长一段时间内，中国是没有所谓的中产阶层。但现在，通过短短二三十年的高速发展，中国的中产们已经有信心向美国中产看齐，这是好事。因为我们确实有着更深厚的历史积淀，更坚韧不拔、吃苦耐劳的精神和集中力量办大事的先进制度体系。这虽不能说可以战胜一切，但确实取得了很多令人刮目相看的成就。这也是中国经济保持高速增长的基石。

中国的经济奇迹，是所有中国人创造的，未来也一定能创造更大的成就。但到了那个时候，就已经不能称之为奇迹了，而是经济发展的自然而然，是常态。

目前，在全世界范围内，经济发展质量先于中国的国家，特别是人口5000万以上的国家，只剩美、英、德、法、日等少数几国。若论体量，则只剩下了美国。当初可能连我们自己都不敢想象，一个拥有如此众多人口的国家，居然可以在较短时间内创造出这么多物质财富，缔造这么多的中产阶层。

中产，看似首先是物质上的中产，然后才是精神上的中产，实则是后者决定前者。今天中国的中产，除了少数拆迁户，绝大多数来自于实干致富和艰苦创业。中国人的勤奋，在经历多年高速发展之后，依旧令全球很多国家和民族难以理解也望尘莫及。如果说美国式中产在很长一段时间内令万千中国家庭无法企及，那么中国凭借这种实干精神所缔造的中国式中产，对于很多国家的中产来讲也已经是可望而不可即了。

不可否认，中国的中产也是最具不确定性的中产、最焦虑的中产。因为我们创富的时间太短，还来不及接受历史的检验。就像一个人穷了很久，突然变得有钱，人们通常会称其为暴发户，而不是富人。平时，我们也见多了一夜回到解放前的暴发户，一方面是因为整体积淀不够；另一方面则是因为社会保障体系不够健全，一场大病就可以让人重新返贫。还有一些拼凑和借贷出来的中产，房子、车子都是按揭的，更经不起折腾。与此同时，美国总统特朗普上台，奉行单边主义和贸易保护主义，全球经济处在不确定中，中国要想在这时取得进一步发展也变得更难。

当然，这是危机，也是机遇。未来会有更多中国家庭跻身中产阶层，也会有很多中产家庭被刷下来。世界变化太快，中国变化尤其快，没有持续自我学习能力的人，被淘汰只是短时间的事情。现在的中国中产家庭，大多喜欢囤积房子，希望借此保证下一代的生活质量。然而，这就像是回到了小农经济的意识中，要知道给孩子什么都不如给他好的教育，成人也是如此。

中产之所以是中产，收入只是结果，能力与思维才是背后的真相。那些真正的富人，无论世界怎么变，他们总能在时局变化中保有一席之地。所以，中国式中产首先要做的是思维上的转变，在继续保持勤奋的同时，通过不断学习，将自己打造成投资方面的行家。

人生有涯，知识无涯，财富也无涯。能让人生始终充盈的，只有不断学习；能帮我们抵御财富危机的，也只有不断学习。而学习金融常识，则是万千中产家庭的首门课与必修课。

当然，本书内容并不仅仅适用于中国中产家庭，事实上它适用于处在任何财富阶层的人，并且经过了长期且全面的检验。例如，股票，一个人如果掌握了股票的规律，不仅投资中国股市能够赚钱，就算投资日本股市、美国股市，也不会差到哪儿去。反过来讲，一个人如果总在中国股市亏钱，那么他去美国股市、日本股市基本也不可能改变命运。因为真正阻碍你赚钱的，绝不像某些人说的“T+1”那么简单。同样，中国式中产家庭固然有其特点，但其投资理财的基本规律同样也适用于日本中产、韩国中产和印度中产。所以，在本书中，我不会经常提及“中国中产”这个关键词，因为我的风格是避免无谓的重复，尽可能多地提供“干货”。

最后，希望所有看到这本书的读者都能打好知识投资这张牌，让自己和家庭都可以收获稳稳的幸福。

目录

上篇　读懂金融世界，不做财富奴隶

中篇　把握资本规律，运用投资工具

上篇

读懂金融世界，不做财富奴隶

» 第一章　钱和钞票那些事儿

1．金融就是把钱融进来或者融出去

什么叫金融？

学院派给出的解释是“金融是指货币的发行、流通和回笼，贷款的发放和收回，存款的存入和提取，汇兑的往来等经济活动”。

是不是感觉很拗口？

其实简单来讲，金融无非就是把钱融进来，或者把钱融出去。

把钱融进来，为的是集中力量办大事，给事业插上资本的翅膀；

把钱融出去，为的是让财富替我们打工，通过把钱借给需要的人，收取固定孳息。

当然，这仅仅是从普通民众的角度来解读的“金融”。至于国家层面的金融，广度更大、内涵更深。例如，本章开头对金融的定义中提到“货币的发行”，即铸币权，这显然不是普通市民能够想象与实践的，也绝非几个“码农”写几段代码、搞个区块链、发个比特币就能够撼动的。不过回归金融本质，国家层面的金融也是把钱融进来或者把钱融出去。在困难时期，国家会提高存款利率，为的就是吸储，集中力量渡难关、搞转型、促发展；当资金充裕后，存款利率会相应降低，因为这时候国家虽然也需要吸储，但更需要的是把已有的资金借贷出去，回收利息。

把钱融进来，我们可以称之为“融合”；

把钱融出去，我们可以称之为“融化”。

可能有人会想：“融合”就是把钱聚集起来，这个可以理解。但把钱“融化”是什么意思？钱怎么融化呢？

其实，只要把“钱”字转换为“金”字，就很容易理解了。在纸币诞生前乃至之后的漫长历史进程中，全球人心目中最理想的硬通货都是黄金。因为黄金具有不可毁灭性、高度可塑性、相对稀缺性、无限可分性、同质性和色泽明亮等特性，可谓人见人爱。融化，具体来讲便是指黄金的无限可分性。因为无限可分，所以方便作为交换任何商品的媒介。哪怕是今天世界各国普遍都在使用的纸币，也基本都应用了黄金这一特性：有大额、有小额；有主币，有辅币……发工资，当然是百元大钞比较方便；买茶鸡蛋，则是零钱比较受欢迎。

当然，现在有了支付宝和微信等移动支付，只要绑定了银行卡且卡里面有余额，出门带着手机就可以，买什么都很方便，买什么都受欢迎。

时代在发展，金融也在改变。可能闭门静修数日，回头就发现自己已经落后了。

以往，通常只有企业家需要把钱融进来。现在，融资的主体虽然是各类企业家和创业人士，但普通人也可以直接或间接参与到融资过程中。例如，企业可以通过上市进行融资，普通民众也可以通过购买相应股票进行投资。

以前，企业家们通常只有在缺钱时才会想到融资。不缺钱还融资，岂不是要白付利息？但现在是企业有钱也要融资，而且是越有钱的企业越需要融资，需要融的资本也越大。

至于把钱融出去，以往只有银行、企业家等有钱的机构和有钱人才能操作。银行自不必说。靠着数轮融资度过艰难时期，开创了电商时代并赚到了大把银子的马云，之所以被广大网友称作“马爸爸”，就在于其金融平台“支付宝”可以在你需要钱而爸爸又不在身边时，通过“借呗”借钱给你救急——当然，是要利息的。反过来，你也可以把闲散资金放进“余额宝”，赚些小钱。同样，为了付你利息，同时自己也赚些小钱，这些钱又会被贷给那些需要借款的人。

那么，有没有可能你通过“借呗”借到的是自己放在“余额宝”中的钱呢？大家不妨想象一下。但可以肯定的是，你很有可能通过“借呗”借到自己的家人、朋友、同学、同事放在“余额宝”中的钱。金融，每个人都在参与。

再提一个近期比较热门的事情：共享单车，有 ofo、摩拜、永安行、一步、熊猫、优拜、小鸣、小蓝、骑呗，等等。有人说，这是因为共享模式的理念令人着迷。No！真正令人着迷的是其商业模式背后的金融模式：尽管每次骑行，我们只需付费 1 元或者更少，有时甚至还免费，但在获得这辆车的使用权之前，我们是不是要先预存 99 元甚至更多？的确，现在 ofo 小黄车站在了风口浪尖上。但不管未来何去何从，它注定会成为一个经典案例，帮助我们感受金融的无所不在及其独特的魅力。同时，我们也必须明白：无论如何，人不能拒绝新生事物，尤其是金融方面的新生事物。可以暂时不参与，但必须时刻予以关注，因为它会实实在在地改变、影响你的生活。

2. 通货膨胀：有一种胖叫虚胖

通货膨胀，简单来讲就是钱多了。可能会有人觉得很高兴：钱多了不好吗？肯定对人们有好处。恰恰相反，通货膨胀非但不会带来好处，还会“吃”掉你的钱。所以，通货膨胀是我们财富的敌人。

通货，泛指国家发行的法定货币。例如，人民币是中国的通货、美元是美国的通货、日元是日本的通货。而通货膨胀简单来讲，是指由于货币发行量过高，导致流通的货币多于流通的商品的现象。换言之，在正常情况下，我们手里的每一分钱，都应该对应社会上一分钱的实际财富，如生活用品、房产等。钱，不过是衡量这些实际财富的符号，是为了携带和交易方便而发明的。而在通货膨胀情况下，社会上的实际财富不变，货币却变多了，这就意味着货币贬值和购买力下降。

按照奥地利学派经济学家们的说法：通货膨胀只是“有时”会造成物价上涨，不是必然。然而，在现实生活中，这种说法实在让人难以认同。或许普通人很难定义什么情况下才称得上“通货膨胀”，不过近些年来的物价上涨，却是每个老百姓都能感同身受的。以至于有人这样定义“通胀”（通货膨胀的简称）：通胀，通胀，就是通通都涨！

资料显示，改革开放以来，我国共经历过三轮较为明显的通货膨胀：

第一次是1980年，当年的商品价格上涨率达7.5%；

第二次是1988—1989年，通胀率超18%；

第三次是1993—1995年，通胀率超14%，其间，在1994年还达到了24.1%的最高点。

以上只是较为明显的通胀，至于“不太明显”的通胀，近些年来可以说是时刻都在发生着。据一位做焊工的王先生在网上吐槽，从老家来首都北京打工至今，已十余年。记得最初月收入800多元钱的时候，从未觉得物价贵过。但现在，仍然在做焊工的他，虽然月收入已涨到数千元，却感觉什么都贵了，生活的担子越来越重。而且这不是老百姓常说的“不当家不知柴米贵”，事实上，王先生一直都是家庭妇男，掌握着家里的大小开支。王先生回忆道：刚来北京时，按揭买房还是很稀少的事，当时的姑娘们也普遍没有结婚必须买房的要求。每当看到网上爆出一些与房子有关的爱情故事，王先生都颇感庆幸。

另一位张先生的回忆则带着十足的“吃货本色”。张先生说，自己最大的爱好就是下馆子，全国各地的小吃、特色菜等，他基本上都吃过。而且张先生不挑食，没钱的时候，吃一碗地道的山西刀削面、四川担担面等，也能感到莫大的满足。因此，关于最近十几年的物价问题，他认为最能反映这一点的就是街上面馆里的面条了。当初，普通小吃店的面条不过2.5元一碗，最多3元。而现在，能在饿肚子时找到一家一碗面10元以下的面馆就算幸运了。不仅如此，张先生还说，当年的面条绝对称得上是物美价廉，不仅量足，就连卤汁也是一大勺子；而如今的面条，不管是削面也好，拉面也好，都在碗上下起了功夫：碗特大、汤特多，看着满满一大碗，但中看不中吃，别说自己吃不饱，有些女生都吃不饱。驴肉火烧也是如此，十年前2元一个，如今至少8元，并且个头越来越小；水果更不用提，十年前花10元钱能买一网兜苹果，现在充其量买四五个……

还有网友爆料说：二十几年前，百元面额的人民币刚刚推出时，某边远山村里一个包工头的老婆常常在乡亲们面前抱怨："这个钱一点都不好用，买东西别人都不要，找不开。"但现在100元钱能买点什么，相信大家也都清楚。用这位网友的话说：就像自己如今中年发福的身体，看似富态，实则是虚胖，远不如年轻时硬实。

总而言之，这些年的通胀虽说"不太明显"，但也令众多老百姓吃不消。原因就是人们的收入与通胀率不成正比。所以，每当网上有谣言称新的通胀要来时，都会引起老百姓的恐慌。而且，通胀之所以令人恐慌并不仅仅在于物价上涨，还在于每一轮通胀都是一个"劫贫济富"的过程。如前所述，通胀意味着货币超发继而贬值，而货币贬值的部分，其实就是被超发的这部分货币挤占了。换言之，超发货币者只需开动印钞机，就直接把纸片变成了具有购买力的钱，这就相当于变相掠夺社会财富。当然，在我们国家，货币的发行是由央行控制的，但央行并不会直接用这些钱来采购商品，因此央行并非通货膨胀的受益者。真正的通胀受益者，其实是那些有条件得到贷款的人和工资一涨再涨的精英。而对于大多数贷款无门的普通百姓和挤破脑袋也未必能挤进精英阶层的人来讲，也只有任由财富缩水的份儿。

中国人爱储蓄——这是国内外的一致看法。相关资料也表明，中国国民储蓄率从20世纪70年代至今一直稳居世界前列。2009年，中国居民储蓄余额一举突破18万亿元大关，排名世界第一。截至2017年5月，央行公布的境内居民住户存款达62.6万亿元，再创新高。

不过，这个"爱"字必须打上引号。用一位美国人的话说，就是"中国的高储蓄源于对饥荒的集体记忆"。换言之，中国人是不得不爱储蓄。想象一下，作为一家之主，孩子上学要花钱、一家老小生活要花钱、生病吃药要花钱、将来养老要花钱等，包括随时可能出现的各种意外也要钱。这么多需要用钱的地方，我们不得不把有限的工资尽可能多地存起来，以备不时之需。据此，有学者一针见血地指出，负利率等同于政府变相加税。

有一点应该指出的是，近年来中国的通胀，在很大成分上属于输入型通胀。中国作为世界工厂，开放度越来越高，尤其是能源、原材料等大宗商品的对外依存度也越来越高。当这些产品的价格因“天灾人祸”出现大规模上涨时，势必会引起国内相应物价链的上涨。当然，跟老百姓讲这么多大道理是不务实的，不管怎么说，老百姓都不希望物价上涨和被通胀。

然而，现实是，在这个地球上，这里不涨那里涨，今天不涨明天涨，总有一天会涨到你。这导致一些精明的家庭主妇也只能随波逐流：“菜贵了就吃肉，肉贵了就吃菜，都贵了就少买点儿。”

每天起床七件事，柴米油盐酱醋茶。日子总是要过下去的，但这么一种过法实在令人无奈。那么，到底是谁在让我们无奈？总结起来，不外乎热钱（又叫游资）来袭、监管不力、经营者与消费者全面不淡定等几个原因，有时候甚至我们自己就是抬高物价的推手。

那么，该如何解决这一问题呢？

从政府层面来讲，经济问题可以通过金融工具来解决。其实，这也适合普通消费者。以前，在通胀跑不赢存款利率的情况下，你只需把钱存到银行就行。但现在，一是利率早就跑不赢通胀；二是就算跑得赢，在这个普惠金融的时代，仅仅是保值，早已落伍。负利率时代，资金就是用来投资的。作为一个理性且具备长远眼光的人，现在就应该尽快展开自己的投资计划，毕竟早开展一天，就能早收益一天。

3．人民币升值、贬值与国际化

人民币升值与贬值，同样是一个令很多人摸不着头脑的问题。我们经常在媒体上看到相关信息，诸如“美国施压中国，要求人民币升值”等。可能很多人会认为，这是矛盾的：人民币若升值，意味着我们的钱更值钱，这应该是好事。但为什么我们不乐意接受这样的好事呢？

对一些个人来讲，人民币升值确实是好事。举个例子，假设人民币没升值前与美元的汇率为1∶8，也就是8元人民币能换1美元，升值后7元人民币就能换1美元。那么，以前需用8元人民币才能购买的东西，现在只需7元就能买到。如果在这种情况下出国旅游、购买进口奢侈品等，都会更加便宜。

但反过来看，人民币升值的话会抑制我国的出口。道理很简单，因为美国人之前用1美元就能买到价值8元人民币的东西，现在却只能买到价值7元的。如果这时有替代商品的话，普通美国家庭可能就会选择替代产品，如印度、越南等国家的产品；如果没有，那他们也可以选择节约生活，适当减少消费，最终还是会抑制我国的出口。众所周知，美国是我国最主要的出口贸易对象之一，而且近些年美国一直逆差，若人民币升值则会相应减缓这种情况，所以美国政府才会屡屡要求人民币升值。

另外，人民币升值后，从宏观经济角度来看，外商到中国直接投资的成本会相应加大，从而会减少在华的投资和国外游客来华消费、旅游的次数，同时还会有大量进口商品以成本优势涌进国内市场，冲击国内企业，导致国内人员失业。

除此，当对华的资本减少之后，资本也总要有个去处。如果人民币升值，相对应的就必然是美元的贬值，那么美国就成了资金的向往地，大量资本的流入就会促进美国的就业与经济繁荣。与此同时，还会吸引包括中国在内的全球人士前往美国旅游或留学，进一步利好美国经济。所以，这是一张牌背后的数种打法，我们绝不能只看表面。

反过来，如果人民币适当贬值，也会在很多方面产生影响。

一是进口减少、出口增加。

因为进口货物时，须先用人民币到银行兑换成美元等全球硬通币，然后再从国外购买货物。人民币贬值后，相同人民币能兑换到的美元会减少，能购买到的货物量也会减少，导致进口成本增加，降低进口产品的竞争力，所以人民币贬值对进口不利。与此同时，出口则会增加。因为人民币贬值后，出口货物所收到的美元可以从银行兑换更多的人民币，利润会增加，企业也有了更大的降价空间。一定程度上，人民币贬值相当于对出口企业进行补贴，帮助这些企业出口，有利于保护民族工业。

二是增加就业。

人民币贬值后，进口产品减少，国内市场上的外来竞争对手减少，相应的国产货物在国内与国际的销量都会增加，这时就需要相应的就业岗位来补足生产力。

三是引发国际游资大量外逃，同时使国家的外汇储备减少。

游资也就是所谓的热钱，其流动常常会受汇率的影响。当人民币贬值并且呈现持续性趋势，国内外的投资者就会力求持有美元等外币资产，以便保值，从而把手中大量的人民币兑换成外币，导致大量资本外流。同时，普通百姓也会要求将人民币转兑外币，使外汇供不应求，在减少国家外汇储备的同时，促使人民币进一步贬值。所以，我们在提到人民币贬值时加了一个前提，那就是“适当”。大家也不必担心，中国政府对国际资本流动有专门的管制措施，热钱并不能自由进出中国，人民币疯狂贬值的情况根本不会出现。

人民币贬值，还会影响股民、炒房团、海淘族以及出国旅游的人。此外，人民币贬值还会造成黄金和国际大宗商品价格上涨。因为钱不值钱了，大家都会下意识地把钱兑换成黄金保值。所以，人民币无论是升值还是贬值，都与我们息息相关，要时刻关注。

那么，人民币国际化又是怎么回事呢？

简单来讲，人民币国际化是指人民币能够跨越国界，在境外流通，成为国际上普遍认可的计价、结算及储备货币的过程。换言之，现在人民币并不是主流世界货币。2017 年年末的数据显示，全球各国主要货币所占比率中，美元占全球货币市场份额 61%、欧元为 33%、日元为 3.3%、英镑为 3.1%……人民币最多的时候曾达到过 1.89%，之后稍有收缩。

更直白一些，如前所述，中国企业进口货物时，须先用人民币到银行兑换成美元等全球硬通货，然后再从国外购买货物。但其实，这里的“等”字，基本上可以忽略不计。因为在全球大宗商品市场和其他市场，人们基本上只认美元。如果你想用人民币买石油，人家是不会卖的。有些国家甚至废掉了自己的主权货币，改用美元。也正是因为美元占全球货币市场 61% 的份额，美国才会在全球货币市场“飞扬跋扈”。

但是，客观来讲，美元的优势并不是凭空建立起来的。美元有三大自由，即自由流通、自由兑换与自由汇率。全球化视野下，人民币并不能实现自由流通、自由兑换和自由汇率，这也正是人民币国际化道路上的死结所在。换言之，如果人民币不能自由地用来买东西，那外国人用它来干什么？

所幸，随着中国加入SDR（Special Drawing Right，特别提款权），包括德国和法国在内的外国央行都将人民币纳入了外汇储备，目前已经有超过60个国家和地区将人民币纳入了外汇储备体系，这种情况得到了好的改观。另外，中国2018年也推出了石油期货交易，主打特色就是人民币结算，并且与黄金挂钩。前者有力推进了人民币国际化，并且是民间投资者层面的人民币国际化，较之先前国家层面的往来，更上一层楼；后者则是明确无误地告诉国外投资者：如果你暂时不相信人民币，没关系，你可以随时兑换黄金。

凡事都有两面性，人民币国际化同样有利有弊。

有利因素包括：提升中国国际地位，增强中国对世界经济的影响力，改变人民币在国际市场上目前所处被支配的地位，减少国际货币体制对中国的不利影响；减少汇价风险，促进中国国际贸易和投资的发展，促进人民币计价的债券等金融市场的发展；促进中国边境贸易的发展，缓解中国自然资源短缺、市场供应过剩的局面；获得国际铸币税收入，等等。

负面影响则是会对中国经济与金融稳定产生一定影响，增加宏观调控的难度，加大人民币现金管理和监测的难度等。尽管如此，从长远看，人民币国际化带来的影响整体上仍是获利远大于成本。

4．信用、信用卡与负债

有种说法认为，那些突然间而不是经常性手头拮据的人，当时缺的并不是钱，而是信用。确实，信用有时比钱还重要，只要有足够的信用，天下人口袋里的钱都能为你所用。除了钱，还包括各种各样的资源。但如果信用不够或根本毫无信用可言，那么我有理由相信你缺的绝对不只是金钱。

那么，为什么有很多人明明很讲信用，却依然是穷人？简单来讲，因为他们恐惧和拒绝负债，而负债其实是世界上很多成功人士和大机构一直在使用的秘密武器。

很多大公司的负债其实都很高，动辄上亿，但银行还是愿意借钱给他们；很多银行也是负债经营并且亏损严重，但人们还是愿意把钱存到银行里；很多人没什么正经营生，但有需要的时候银行马上就会借款给他，还经常主动给他打电话，让他办各种贷款；而有些人，尽管工作稳定、事业顺利，也从不曾欠过别人一毛钱，但遇到突发情况，找银行贷款时，银行要么拒绝，要么拒绝提供较高的额度……

要想真正明白这些奇怪表象背后的深层次原因，我们得从银行的本质说起。

银行是一个有钱的机构，这无人不知。那么银行的钱是谁的呢？不明就里的人会说，是国家的。其实，这种想法误导了很多人，导致他们不讲诚信、借贷不还、逃废债务，沦为“老赖”。事实上，银行的钱是以社会信用为基础的。银行将社会、企业和民众手中闲置的钱集中组织起来，然后又以信用为基础，将其投放于社会的各个领域，满足个人、企业和整个社会的资金需求。具体而言，银行的钱除自有资本金（如果是国有商业银行，则资本金是国家的；如果是股份制银行，则资本金是股东的，按惯例银行资本充足率应在8%以上）之外，主要来源于城乡居民个人储蓄、各类企事业单位（包括私营、集体、股份、国有企业和行政事业单位）存款以及其他存款。所以，通俗地讲，银行的钱既不能说是国家的，也不能完全说是你的、我的、某某人的。银行里真正属于国家的钱，所占比例也并不大。

从本质上来看，银行这种金融机构经营的就是信用。银行以政府为信用背书，一边低息吸储，一边高息放贷，在促进金融流转、服务社会经济的同时，完成了自身的发展。个人也是这样，只要有信用，一时的负债是无伤大雅的。先负债，再按照约定按时足额偿还，这叫有信用。在这个过程中，银行肯定会收取相应的利息。而且一定程度上，你借的越多，银行赚的也就越多，能及时还款的人，即使是有欠款，也依然是银行的优质客户。

相反，没借过钱的人则谈不上信用。因为如果你从来没有借过钱，又怎么证明你是有信用的呢？银行不会听你解释，因为他们只看征信记录。

怕只怕负债累累。就算强大如美国又怎样？照样因为全国性的大肆借贷、寅吃卯粮，引发了一场空前的次贷危机，导致很多次级抵押贷款机构破产、投资基金被迫关闭、股市剧烈震荡，甚至影响了全球。

这里要向大家解释一件事情：

每当中美出现摩擦时，就会有人说：美国借了中国很多钱，要对方还钱等。但事实是，中美之间不是简单的欠债还钱、天经地义的债务关系，而是一种投资关系。我们投资的是美债，可以随意抛售，也随时有人愿意接盘。作为一种投资，美债其实是一种很不错的资产，自发行以来从来没有违约过。换言之，至少在这一点上，美国是有信用的。当然，凡事有度，美国的债务已经高到了让自己也不得不面对的程度，这就是明证。

通常来讲，国家也好，抑或企业、个人也罢，真正从一开始就想赖债不还的人是不多的。很多人在最开始时，往往是很谨慎的。就算你想多借给他钱，他还会想：借这么多钱，将来该怎么还？莫非是想多赚我的利息？但后来，很多人都是慢慢地放弃了警惕之心，在享受高流动性的同时，高估了自己的偿还能力和抗风险能力，以至于被一些突发状况搞得应接不暇，最后就成了"虱多不痒，债多不愁"的情况，好不容易建立起来的信用也就瞬间崩塌。

如何从零开始建立自己的信用，最务实的做法就是办一张信用卡。一般来讲，只要有份工作，银行至少会提供几千元的信用额度，只要按时还款，每一笔消费都是信用，都会一点一点累积在我们的征信记录上。长期坚持，信用卡有几万元甚至更多额度是不成问题的。俗话说，家有余粮，心里不慌。尽管这种余粮是借来的，但至少可以让你免于青黄不接，先把必须要解决的问题解决掉。什么叫普惠金融？我觉得这就是。

不过，信用卡也是双刃剑，一不留神就会伤到自己。信用卡来自美国，发明人是弗兰克·麦克纳马拉。有一次，身为大商人的他在饭店吃完饭后，发现自己居然忘了带钱包。虽然他马上打电话让人把钱送了过来，但面子上仍觉得很难堪。这次尴尬的遭遇，让麦克纳马拉产生了创建信用卡公司的想法。1950年，大来俱乐部，也就是大来信用卡公司的前身问世，为会员提供一种会员卡——能够证明自己的身份，并且能够记账消费。这显然已经具备了商业信用卡的基本要素。

信用卡能有效解决人们"麦克纳马拉式"的尴尬，同时由于不需要携带大把现金，增加了便利性与安全性，甚至可以使人们在没有发工资的时候提前购买生活用品，等发工资后再及时还上。这无疑为人们带来了很大的便利，除了解决面子问题，还减少了麻烦，节省了时间，同时还有一些额外增值服务，如刷卡打折等。当然，任何一种服务都需要代价，信用卡最大的风险就是，如果你打理不好自己的信用卡，就可能成为“卡奴”。

信用卡本质上属于超前消费。适度的超前消费是可以的，但有些人会因为钱来得相对“容易”，而陷入肆意消费的陷阱。有些人则是明知山有虎，偏向虎山行，办多张信用卡，疯狂套现，进行一些高风险的投资与投机生意。用他们的话来说，信用卡也是一种投资。有些发卡机构的工作人员为了个人业绩，也会助长这种心理，千方百计让你办大卡，甚至会告诉你：中国有个卡王，先后办了3000多张信用卡，但一次也没有逾期，因为他能调动的资金有好几亿元；有的公司还发动全员办卡，直接成立一个卡部，满满一面墙，全是信用卡；还有一个英国人，办了数百张信用卡，他用这些钱炒豪宅，很短时间内赚了一个亿，还是英镑……

我们不否认有这种情况存在，但相信大家也经常会看到一些媒体报道：有些人因为盲目办理了数张信用卡且肆意消费，经过激烈的天人交战，最后自觉带着铺盖卷走进了派出所，因为自知这辈子已经还不完了！除了这样比较极端的情况，我相信每个人可能都认识一两个被信用卡欠款搞得焦头烂额的人。为避免类似的情况出现，我们在用信用卡时不要只关注它的方便。

» 第二章 不可不知的金融学名词

1. 基尼系数、恩格尔系数与 CPI

基尼系数、恩格尔系数与 CPI（Consumer Price Index，居民消费价格指数）这三个词语相信大家经常会看到，但对于其代表的含义可能不太了解。尤其这三个词通常会一起出现，被用作衡量当前社会经济生活水平的一组指标。究其原因，就在于它们在某些方面存在一致性，你中有我，我中有你，下面一一为大家介绍。

基尼系数的提出者最初被认为是意大利经济学家基尼，实际上张冠李戴，它真正的提出者是美国经济学家赫希曼。但弄清这个问题时，人们已经习惯了“基尼系数”这个叫法，再想改变的话很难，所以一直沿用至今。

基尼系数又称为收入基尼系数，顾名思义，它与居民收入，也就是人们的钱袋直接有关。具体来讲，是指在全部居民收入中，用于进行不平均分配的那部分收入所占的比例。基尼系数最大为 1，最小为 0。前者表示居民之间的收入分配绝对不平均，即 100% 的收入被一个单位的人全部占有，当然这种极端情况并不存在；后者则表示居民之间的收入分配绝对平均，即人与人之间收入完全平等，没有任何差异。同样，这也是不可能存在的极端情况。任何时候都不可能出现完全意义上的平均。基尼系数不是一个刻板的理论，它是一种概率，强调一种可控的平衡。基尼系数的实际数值介于 0—1，通常来讲，基尼系数越小，居民收入越平均，社会财富越均衡；基尼系数越大，则意味着财富等资源分配越不平均。

在国际上，通常把0.4作为贫富差距的警戒线，低于0.2表示收入高度平均，高于0.5表示收入差距悬殊，介于0.2—0.4，则表示比较平均。据一些经济专家计算，我国的基尼系数已超过0.5。尽管有很多客观原因，如地域宽广、人口众多、发展不均衡等，但需要引起足够重视也是毋庸置疑的。中国政府这些年也做了许多实事，如扶贫工程、西部大开发等战略规划，但依然任重道远。

恩格尔系数的提出者是德国统计学家恩格尔，它主要针对的是收入中用于购买食品的部分。举个例子，如果你收入中90%的部分都被用来购买食品，那代表你的生活是很危险的。因为除了吃的之外，你连买衣服的钱都没了，更不用说满足其他需求，等于连“温饱”这个小目标也只完成了一半。万一又生病了怎么办？同样，我们也经常看一些外媒的报道：在一些实行时薪制的国家，工人每工作一小时就可以买几斤肉。这已经是非常不错的水平了。

与基尼系数一样，恩格尔系数也是越小越好。基尼系数小意味着国民收入很公平，恩格尔系数小则意味着所有人吃饭都很容易。做到这两点，社会就有了和谐、富足的基础。因为吃是人类生存的第一需要，只有在此基础上才能谈其他的。恩格尔系数越小，意味着人们有更多的购买力，有更多的收入用于穿、用、投资等其他方面。

国际上认为恩格尔系数高于59%时为贫困，介于50%—59%为温饱，40%—50%为小康，30%—40%为富裕，低于30%为最富裕。改革开放之前，我国绝大多数家庭的恩格尔系数接近或高于59%，至2005年时已达到小康与富裕之间。最新的数据，也就是2017年的数据显示，我国恩格尔系数已低至29.3%。尽管大家都知道这并不等同于我国已进入发达国家行列，但2017年中国城乡居民的恩格尔系数确实降到了30%以内，就算它有些争议，就算我们说起“钱”这个字时依然压力山大，但确实今时不同往日了。

CPI 则是消费品物价指数的英文缩写，它反映与居民生活有关的产品及劳务价格统计出来的物价变动指标，通常用它来观察通货膨胀水平。换言之，它是一个范围更大的恩格尔系数，因为食品只是与居民生活有关的产品之一，而且占比越来越少。但人们为什么还是感觉压力山大呢？一来与人们的消费需求与消费观念的转变有关；二来如果 CPI 升幅过大，表明通胀过快，经济不太稳定，这时候政府就会采取干预手段，如采取紧缩货币等政策，这反过来会影响 CPI 以及其他一些指标。总的来讲，CPI 上升是不受欢迎的，无论是百姓还是政府。一般来讲，当 CPI 的涨幅为 3% 时，就可以称作通货膨胀，大于 5% 时政府必然会干预，因为这时代表着通货膨胀已经很严重了。

综上所述，基尼系数、恩格尔系数与 CPI 这三个指标与百姓生活和社会经济息息相关，我们要随时关注它们的变化，并在必要的时候进行适度干预。从政府方面来讲，要防止我国的贫富差距进一步扩大，严控食品、房子等生活必需品的飞涨，打击投机倒把、哄抬物价、过度炒作等行为，推行各种惠民政策，如廉租房、农业补助等，为营造一个更和谐的社会而不断努力。从个人来讲，要在了解相关指标的基础上，通过合理的投资理财，在抵御通货膨胀的同时争取一个更富足的明天。

2．GDP、GNP 与 GNI

在所有的专业术语中，国内生产总值（Gross Domestic Product，GDP）可能是大家最熟悉的一个金融词语。因为媒体每天都在报道，特别是自 2010 年以来，中国 GDP 超过日本，成为仅次于美国的世界第二大经济体，这个消息足以令每个中国人振奋。2017 年的数据更加令人感到惊喜，中国不仅继续蝉联全球 GDP 第二（131735.85 亿美元），而且与第一名——美国的差距越来越近（195558.74 亿美元），与第三名日本的差距越拉越大（43421.6 亿美元）。

改革开放 40 年，我国经济高速发展，成就举世瞩目。但在 2010 年，就有媒体指出，尽管中国发展迅速，然而就当年的 GDP 总量来讲，可能是被高估了。如果用“严格的价格统计方式”来计算，中国当年的 GDP 总量可能至少要下降 40% 左右。若此话当真，至少在当年，中国“经济第二”的位子是没有多少含金量的。但如今已经过去了 8 年，中国各方面发展都已不可同日而语，我们可以自信地说自己坐稳了“GDP 第二”的位子。但我们的人均水平如何呢？

分数跟谁比？跟自己比的话，当然是芝麻开花节节高。但跟发达国家相比就差得太远。2017 年世界人均 GDP 榜首国家为西欧小国卢森堡，高达 101447 美元。中国澳门比较争气，人均为 75484 美元，仅次于卢森堡，排名世界第二。但中国大陆人均仅为 8827 美元，排名全球第 74 位，离世界平均数 10714 美元还有一段距离。

人均 GDP 的变化不突出，并不是问题的本质。问题的本质是 GDP 本就是世界银行用来蒙骗发展中国家的障眼法，在它为公众所熟知的同时，基本上已经没有人再谈、再用 GNP 这个指标了。一度，中国人甚至不知道自己的 GNP 到底是多少。

所谓 GDP，意为国内生产总值。而 GNP 是英文 Gross National Product 的缩写，即国民生产总值。GDP 是衡量经济运行的有效指标，一定意义上说，一个国家 GDP 总量越高，意味着这个国家经济状况越好，但也仅仅是经济状况好而已。细想一下，国家发展经济的目的是什么？当然是为了赚钱，但一个国家经济状况好，并不意味着这个国家就能赚钱。例如，中国，众所周知，我们经济的腾飞是从改革开放、吸引外资开始的，据相关数据显示，中国的 GDP 总量中有很大一部分是外资企业创造的，而这些外资企业所得并不属于中国，他们所制造出来的经济数字并不能给中国国力和国民福利带来实际的意义。当然，你也可以说：肉烂了至少还在锅里，外资企业对于今日的中国来讲依然具有其重要意义，因为其至少能解决很多就业问题。

用通俗的话来讲，GDP 是针对领土的财富，只要在一国领土内，不论是哪一国人，创造的财富都将计入所在国的 GDP。如果他是外国人，其财富最终会转移到国籍所在国。而这部分财富，便成了其国籍所在国 GNP 的一部分。换言之，只有 GNP 才能说明一国人民的净收入。没有增加本国 GNP 的 GDP 增长，至少也是一定意义上的为他人作嫁衣。一般来讲，在发达国家，其 GNP 与 GDP 是大致相当的，我国则远远不及。以日本为例，其 GDP 早已变成世界第三，但 GNP 依然高出中国一大截。

我们如此分析，绝不是要把外资定性为洪水猛兽，而是要寻找经济金融的真相，不能再唯 GDP 论。

那么，GNI又指什么呢？它是英文Gross National Income的缩写，翻译过来就是国民总收入，尽管看上去与GNP略有不同，但实际上不过是同一事情的两种说法罢了。1993年之前，全球通用GNP概念，但当年联合国将其改称为GNI，从此就沿用下来。有些人不明就里，还以为是两个意思。

3．央行、货币政策与银根

2018年上半年，如果你炒股的话，只要没亏，哪怕一分钱也没赚到，就已经赢了99%的散户。因为伴随着三大股指的下行，大家手里的股票一直在“跌跌”不休。在这种时刻，唯一能显身手，大家能指望的，就是央妈——央行了。而央行的一系列动作相信大家也已经看到了，最主要的大动作就是从2018年7月5日开始的大范围定向降准。简单来讲，就是各银行需要交给央行的押金降低了，那么可用于向外贷款的资金就增多了，社会上流动性也就多了，必然会有一部分资金流入股市，股价稍涨，股民们马上就会重拾信心，股价就会继续走高，大盘就拉了上去，也就是我们截至目前（7月底）看到的这样。

金融市场有“逢8必危”的说法：

1988年，中国股市波动；

1998年，亚洲金融危机；

2008年，国际金融危机；

2018年，具体危机目前还不好说，但全球贸易战已进入焦灼状态。

有危机是正常的，危机能够暴露自身的问题所在，及早改善，危机还有可能成为转机。救火需要水，抗洪需要船，央行及其手中的各种金融工具就是最好的危机调控器。以中国央行，也就是中国人民银行为例，其设立初衷就是在国务院领导下，制订和执行货币政策，防范和化解金融风险，维护金融稳定。换言之，央行的主要金融工具就是货币政策，具体来说包括前面提到的降准和降息，及其反方向操作加息、加准，此外还有再贴现、购买外国的公债及外汇等。

危机其实也分好多种：有内忧，也有外患，还有内外交加。例如，1998年的亚洲金融危机，就源于那些被索罗斯狙击的东南亚国家，其自身金融体系存在严重缺陷与系统性风险。2018年成功当选马来西亚总理、92岁高龄的马哈蒂尔，至今提起那场危机还对索罗斯恨之入骨，公开表示索罗斯就是一个无良奸商。马哈蒂尔称得上政坛常青树，从1981年开始，他连续担任了21年首相，索罗斯的阻击战就发生在其任职期间。但痛恨有什么用？单纯道德上的拷问也没有意义，索罗斯之所以要拿马来西亚、泰国、菲律宾下手，就因为这些国家当时是软柿子。在索罗斯等金融大鳄眼中，金融市场不属于道德范畴，它有自己的游戏规则。另外，就像索罗斯说的那样，如果缺陷摆在那里，他不去狙击，还是会有别的人去狙击。

重要的是扎紧篱笆，让狙击者付出代价。

亚洲金融危机中，索罗斯不是没想过做空港币，进而狙击人民币，但中国政府应对有方，运用丰厚的外汇储备，全力迎战，使索罗斯等一众国际炒家铩羽而归。

再说2008年，举世瞩目的北京奥运会召开前夕，5月12日，中国汶川发生了大地震，5月19日，也就是地震发生7天后，中国人民银行和中国银行业监督管理委员会便及时联合发布了《关于全国做好地震灾区金融服务工作的紧急通知》，对受到地震灾害影响的四川、甘肃、陕西、重庆、云南等重灾省市实行恢复金融服务的特殊政策，主要内容为：取消灾区法人金融机构信贷规划约束，引导其充分运用资金，满足抗震救灾和灾后重建需求，并引导全国性金融机构加强系统内信贷资源调剂，加大对灾区的信贷投入。

同年8月6日，中国人民银行、银监会、证监会、保监会又联合印发《关于汶川地震灾后重建金融支持和服务措施的意见》，引导金融部门加大对灾区重建等重点领域和经济薄弱环节的信贷投放，全方位做好汶川地震灾后重建的金融支持与服务工作。

同月15日，为增强汶川地震受灾地区农村信用社贷款能力，中国人民银行再次决定，对用于灾后恢复重建的支农再贷款，自2008年5月1日起至2011年6月30日实行优惠利率，各期限利率在原有基础上下调0.99个百分点。

9月15日，央行又宣布，汶川地震重灾区地方法人金融机构存款准备金率下调2个百分点。

12月18日，为进一步加大对灾区的再贷款支持力度，央行又决定从12月22日起，用于灾后恢复重建的支农再贷款优惠利率的适用范围，由极重灾区、重灾区扩大至一般灾区。

这一系列动作可谓是相当频繁，再加上当年上半年央行曾为了应对国际金融危机和人民币升值压力及通货膨胀，先后5次加准，一加一减，称得上是稳、狠、准的大转身。正是有了这些旨在扶助灾区人民抗震救灾、重建家园的货币政策，以及全国同胞的大力支持，最终才取得了抗震救灾的胜利。

至于2018年，因贸易战引发的全球性金融危机有目共睹，不过相信中国也能够妥善应对，毕竟经过这么多年的发展，中国的经济基础已经更加牢固，中国的金融体系也更加健全，再加上以往的经验，这次也一定能够平稳度过。

最后我们说说银根。

所谓银根，其实是个历史名词。因为中国历史上是银本位制，市场交易多用白银，故此习惯上把货币资金的供应称作“银根”。供不应求，叫作

“银根紧俏”或“银根紧”；反之，供过于求，就称作“银根松疲”或“银根松”。

银根其实就是指央行的货币政策。紧缩银根，也就是央行采取一系列措施以减少货币流通量，包括减少信贷供给、提高准备金和利率等。一般来讲，当经济过热、通货膨胀、物价上涨过快时，央行就会紧缩银根；反之，当经济萧条或下行压力加大、失业率上升时，央行就会降低利率，鼓励大家贷款，以发展经济、促进就业，即放松银根，也就是所谓的宽松政策。

经济是动态的，收紧银根或放松银根只需符合当时的需要即可，过紧或过松都对经济不利，因此需要适时、适量地调整银根。为稳妥起见，各国央行一般都是分阶段收紧或放松银根，同时还会根据国内经济的改善状况和国际环境作相应调整，所以我们才会不断看到银根一词出现在各大媒体上。

4．景气循环与经济指数

景气循环是经济学术语，指的是经济景气状况呈周期性循环变动的情况。如图 1 所示，整个景气循环过程可以简单分为扩张和衰退两个阶段，细分又可再分为繁荣期、衰退期、萧条期、复苏期四个阶段。

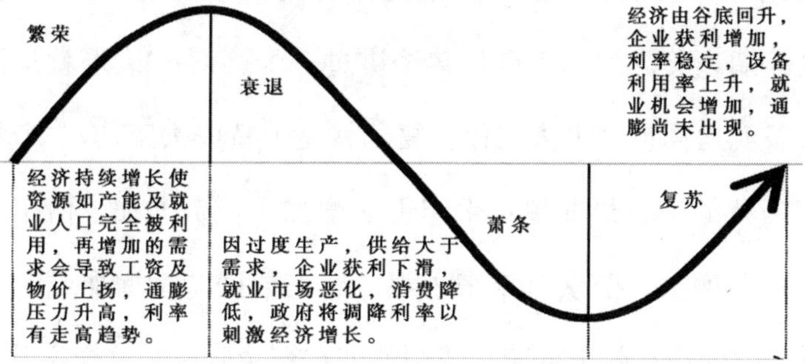

图 1　经济指标景气循环过程中的繁荣期、衰退期、萧条期、复苏期示意图

早在 19 世纪，美国就已经有人开始对景气循环进行系统性的研究。现在，有些美国经济学家已经把美国的景气循环模式往前追溯到了 1830 年。之所以没有追溯得更久远，原因在于景气循环中有一个关键词——政府，确切来讲是指现代意义上的政府。没有现代意义上的政府，也就谈不上真正意义上的景气循环，而 1830 年之前的美国与今天的美国相比，像极了一个草台班子。换言之，现代意义上的政府是景气循环的推手，其依据是“凯恩斯主义”。20 世纪 30 年代的大萧条，促使人们对萧条本身研究，也成就了凯恩斯。他在《就业、利息和货币通论》一书中指出，在经济萧条时，对于产品的总需求可能有不足的现象，导致高失业率以及可能的产能流失。因此，他认为应该增加政府在公共产业中的活动，包括中央银行实行扩张性的货币政策和财政政策，以稳定景气循环。

研究可知，景气循环有不可捉摸的成分，但也有一些固定的模式可循。以前的确出现过时间又长、范围又广，又让人感到恐怖的衰退。未来也会出现，不管现在经济景况有多好。当然，当身陷于景气衰退的谷底，也一定要记得会有复苏和扩张的那天。牢记情况总是有上有下、有起有落而不完全是世事无常，对你的财务状况和心理健康都很重要。

以景气循环为出发点，经济活动通常分为四个阶段：繁荣期、衰退期、萧条期、复苏期。美国前总统卡特曾经讲过一个笑话："衰退就是你的邻居失去工作，萧条就是你自己失去工作，复苏就是卡特失去工作。"卡特没有提到繁荣，其实繁荣的定义最简单：生产迅速增加，投资增加，信用扩张，价格水平上升，就业增加，公众对未来乐观，经济数据持续增加或者至少保持稳定。有人说，中国现在就很繁荣，我们就处在繁荣阶段。这样说并没有错，但这是普通人的说法。综合来看，我们是刚刚经历过繁荣，充分的投资，大量的基建，带动 GDP 高增长，然而很多投资是以负债方式进行的，业绩并非没有，但包袱甩给了未来，危害隐藏了起来。

经济衰退的标准定义是，一年的连续两个季度经济出现负增长，即连续两个或两个以上的季度 GDP 出现下滑。负增长导致经济活动放缓，劳工需求率下降，失业率上升，厂商和家庭都被迫削减开支，物品和劳务价格会因需求减少而下跌，这有助舒缓通货膨胀的压力。

让很多唱衰中国经济的人感到遗憾的是，中国经济并未进入衰退，没有价格水平下跌，也没大量失业出现，没有公司或工厂成批倒闭的频繁现象，这对我们来讲是好事。产业链还在正常运作，繁荣还没有结束，现在需要的只是转型。

接前文，如果经济持续衰退，便会演变为萧条。萧条期的标准定义是GDP下滑10%以上的经济低迷期，甚至出现负增长。这是经济艰难的时期，失业会成为普遍现象，并且因为人们对物品及服务的需求下降，会有更多人加入失业大军。

根据这一标准，美国最近一次经济萧条期发生在1937年5月至1938年6月，当时美国GDP下跌了18.2%。之后，美国就再也没有出现过经济萧条乃至接近经济萧条的经济衰退。过去半个多世纪中，美国最严重的经济衰退发生在1973年11月至1975年3月，当时美国GDP下跌了4.9%。

冬天过去了，就是春天。萧条过后，必然复苏。复苏期的主要表现是经济活动渐渐增多，厂商开始增聘工人来提高生产，失业率开始下降，人们对物品及服务的需求增加，通胀率亦随之开始回升。如果不出现反向的外力干预，下一轮繁荣指日可待。

景气循环对我们造成的影响，绝不仅仅是失业或就业那么简单，如果你不拒绝投资的话。当国家经济进入复苏期后，正常情况下，利率会随之上扬。这是因为在经济走强的情况下，每个人都会对未来持乐观态度，因此越来越多的人想借钱、越来越多的企业想融资，资金需求增加，利率自然水涨船高。另外，在经济扩张期，企业活动的增加往往会影响物价上涨并导致通胀压力升高，而通胀压力增加会促使央行推高利率。在这种情况下，除了利用储蓄、货币定投等投资工具尽量享受高利率带来的投资回报外，最可观的投资方式就是股票。如图2所示，经济复苏必然带动股市的复苏，如果能提前布局，再配合定投，抓一个长期的大牛市，那么等下一轮衰退到来时，你的资金已经非常可观了。

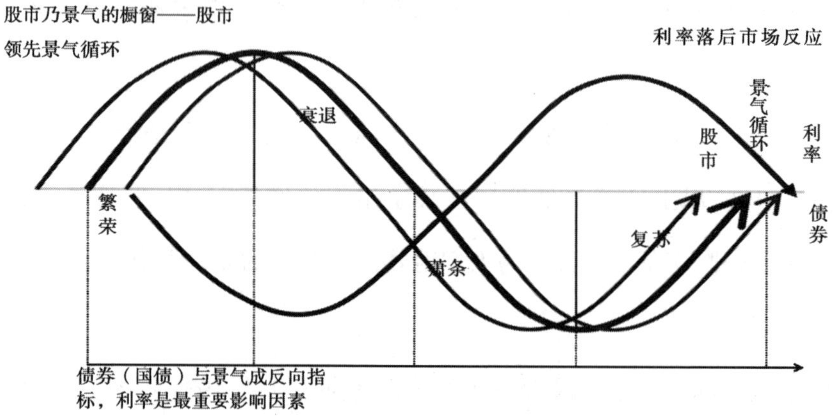

图 2　景气循环与利率及股市、债券走势示意图

投资，不是盈利，就是亏损。但如果我们稍微冷静一点，将眼光放长远，就会发现盈利的概率远大于亏损的概率。我曾经做过一个计算：在中国，到目前为止，无论是在之前任何时刻买入股票，只要持有 10 年以上，其盈利的概率至少是 100%。当然这并不是说我们买股票就一定要持有 10 年，凡事物极必反，既然懂得在景气扩张前布局的道理，为什么不懂得在景气扩张接近尾声之前退出呢？

» 第三章 删繁就简的投资学原理

1. 复利法则——时间就是金钱

香港电影中，经常会看到有人由于某种原因借了黑社会的钱，被追得无处藏身，挨打挨骂不说，还总也还不完。用黑社会的话说，这叫“驴打滚的利”，旧社会则叫“印子钱”，民间称之为“高利贷”，这一系列说法的背后，都有一个关键词——复利。

复利，简言之就是利滚利、利生利。以存款为例，假设我们存入银行1000元，在一年期利率5%的情况下，存满一年就可以得到利息50元。然后，我们再把这1050元继续存入银行，那么第二年的利息就达到52.5元了，如果一直这样存下去，利息就会越来越多。

最终会多到什么程度呢？有这样一个故事：

有个喜欢下棋的国王，有一天，他对一个棋艺很高的大臣说：“我知道你以前下棋时经常让着我，今天我心情很好，你好好下，如果你赢了，随便你要什么奖赏。”大臣见国王确实心情不错，便快速赢了国王，然后说：“陛下，我要的其实很简单：您看我们面前这张棋盘，它上面有64个格子，您只要在第一个格子里放上一粒米，然后在第二个格子里放两粒米，也就是先前的一倍，第三个格子放四粒米，也就是再加一倍，如此类推，帮我放满这张棋盘，我就心满意足了。”国王一听心想这还不简单？当即命掌管粮库的官吏去取米，按他的想法，这个大臣顶多也就能赢一袋大米。但不一会儿，掌管粮库的官吏便大惊失色地跑来，说如果真的按照约定执行的话，就算把国内所有粮库的大米都搬来也不够！

究竟需要多少粒米才能填满故事中的棋盘呢？某位较真的学者通过计算得出了答案：18446744073709551615 粒米。这个比我们银行卡的账号还要长的数字，很多人读都读不出来，天文数字都不足以形容它。当然，这仅仅是一个理论上的例子，实际生活中既无这样的好事，真正的“复利”也不是这么简单的翻倍再翻倍。不过这个例子已足以说明复利效应之惊人。

我们不妨再计算一下，顺利情况下 10 万元人民币的复利收益。假设我们有 10 万元资金投资于股市或其他投资领域，同时假定每个月可以净收益 10%，下个月再把所有的本金和收益继续投出去，同样再赚 10%。然后继续投资，如此循环下去，一年下来便能净赚 21 万余元！如果连续 3 年，连本带利就可翻到 300 多万元！

巴菲特为什么可以成为超级富豪？股票投资所带来的复利效应便是原因之一。当然，即使是巴菲特，也不敢拍着胸脯说自己每月都能净赚 10%。相反，投资市场上每月亏 10% 甚至亏得血本无归的人比比皆是。老百姓常说，就怕好的不灵坏的灵。所以，运用复利，稳妥第一，否则连本都亏完了，还谈什么利呢？可惜很多人想不明白这个道理。现实生活中有很多人，平时总是哭穷，但只要遇到集资之类的事情，这些人就像会变戏法似的，突然就有了很多钱，为了所谓的“高利”争先恐后，好像晚一会儿别人就再也不收他的钱似的。更重要的是，这些人始终不明白：真正使人财富增值的并不是什么暴利的方法，而是时间。

“世界上最强的力量不是原子弹，而是复利 + 时间。”这句话出自爱因斯坦。把这句话落实在当下，就是每个人都可以选择不同的方式来分享经济增长的硕果，即社会发展为我们提供了一个可以享受复利的机会，但对于更多拥有投资理财需求的个人或家庭来讲，如何让这个过程变得更简单、更便捷，才是最重要的。

从金融学的角度来讲，只要好好利用复利的原理进行投资，是完全可以抵抗负利率时代的。复利有个“72 法则”，就是以 1% 的复利来计息，经过 72 年以后，你的本金就会变成原来的一倍。假设某理财产品的年利率为 5%，那么你的本金 14.4 年就能翻一倍；如果年利率为 10%，7.2 年就可以翻倍。如果你投资了一只很棒的基金，年化收益率为 24%，那么你 3 年就能翻倍！

当然，我们不能只看效益不看风险。什么样的理财产品最稳妥呢？储蓄。但前面同样讲过，现在是负利率时代，储蓄年化收益跑不赢通胀。所以，一切取决于你的投资风格和风险承受能力。

2．杠杆原理——要么暴利，要么暴打

阿基米德说："给我一个支点，我能撬动整个地球！"这被称作"杠杆平衡条件"，即阿基米德原理。阿基米德是在"重心理论"的基础上发现了杠杆原理，即"二重物平衡时，它们离支点的距离与重量成反比"。发现杠杆原理之后，阿基米德并没有止步于理论，而是进行了一系列的发明创造。据说，他曾借助杠杆和滑轮组，使停放在沙滩上的桅船顺利下水；在保卫叙拉古的战斗中，阿基米德制造的投石器则是杠杆原理的直接应用，借助投石器，罗马人被阻挡在叙拉古城外整整 3 年。

在投资领域，杠杆原理也被世人广泛应用。几乎所有对资本市场有所了解的人都听说过杠杆的概念，简单地说就是以小博大，向风险要效益。撬动资本杠杆，能迅速实现财富倍增。当然，如果杠杆断了，也会伤到自己。

举例来讲，你投资 1000 元做服装生意，进货时 1000 元的衣服，实际销售中可以卖到 1600 元，假设你不租门店，只摆地摊，那么你卖一件衣服就可净赚 600 元。但这与杠杆没有关系，因为你是用自己的钱赚的钱。换言之，你得学会用别人的钱赚钱。例如，你因为赚了 600 元，对服装生意有了信心。于是从银行贷款 10 万元，使用期是 3 个月，假定利息是 1000 元，那么相当于你是用 1000 元的本钱买了银行 10 万元 3 个月的使用权，你用这些资金购买了价值 10 万元的服装，售出后可得 16 万元，中间的利润为 6 万元。抛开其他因素不谈，这就是一个杠杆应用的简单例子，即用 1000 元撬动了 10 万元的资金，用

10万元的资金赚取了6万元的利润。

在上面的例子中，杠杆比例为100倍。听起来很夸张，但在金融投资中非常常见。例如，外汇保证金交易，其杠杆多为10倍、50倍、100倍、200倍、400倍等级别。如果用400倍的杠杆，就意味着把手上的1万元当作400万元用，这才是真正意义上的以小博大。

还有时下最热的房地产市场，除了全款购房者，基本上所有贷款购房的人都使用了杠杆原理。例如，你购买一套价值100万元的房子，首付了20%，相当于是用20万元的资金撬动了价值100万元的房产，这里就运用了5倍的杠杆。如果未来房价增值10%，你的投资回报就是50%。面对如此巨额的回报率，是不是很心动？还是那句话，万一房价不涨怎么办？杠杆没那么好用的，暴利的背后是暴打。

每次股灾，都会有几个传奇级别的资本大佬爆仓。有人一夜回到解放前，击穿了财富线，还欠下了巨款；有人承受不了打击，选择自杀。如果他们不加杠杆，股市就算再跌又能奈其何？大不了被套几年，总会有涨回去的一天。只要公司有价值，总不至于跌到0吧？但只要加了杠杆，这种基本的安全便不复存在；只要加了杠杆，就有可能爆仓。

杠杆原理的精髓是借力使力，放在投资学上则是借钱生钱。会用杠杆原理的投资人，不仅有更多的资本，收益通常也会翻几番。但应用杠杆原理时必须重点关注两个指标：一是家庭的资产负债比率，即家庭债务与家庭资产之比；二是每月还贷比，即每月还贷额与家庭月收入之比。只有当两个指标都处于50%以下时是比较安全的，保守一些，可以控制在30%左右。

身份不同，杠杆也不一样。杠杆原理主要是一种思维，就算不喜欢投资的人也要具备这种思维，毕竟人是需要发展的。以顺丰为例，发展迅速，利润可观，当年还曾说过“不差钱、不上市”的豪言，但如今不也上市了？这不是打脸不打脸的问题，而是明智的选择。顺丰上市前每年利润接近 20 亿元，如果“不求上进”的话，完全可以坐享其成。然而，顺丰要想继续快速发展的话，只能上市融资，借股市的杠杆来促进自身的腾飞。试问，光靠区区 20 亿元利润，能买几架飞机？又能修多少飞机场？又怎么保证 24 小时到货？而且，就算是对接资本市场，对接的也不仅仅是资本，还有先进的理念、标准的运营、全新的思维、最好的技术、最快的并购等。

3．洼地效应——财富博弈的加速器

水往低处流，这是自然界再普通不过的现象，正因为有了低地，才有了江河、湖泊、海洋。借用老子的话，就是“江海之所以能为百谷王者，以其善下之，故能为百谷王”。其实财富也像水一样，喜欢往不张扬的人那里聚。经济学上的洼地效应，是指利用比较优势，创造理想的经济和社会人文环境，使之对各类生产要素具有更强的吸引力，从而形成独特竞争优势，吸引外来资源向本地区汇聚、流动，弥补本地资源结构上的缺陷，促进本地区经济和社会的快速发展。简单说，就是指一个区域与其他区域相比，具有更强的吸引力，从而形成了独特的竞争优势。资本的趋利性，导致了资金一定会流向更具竞争优势的领域和更具赚钱效应的“洼地”。

“洼地效应”是近几年比较流行的词，从经济、金融学的财经分析中常会看到。例如，中国市场的巨大投资潜力和发展空间，吸引了越来越多的国际投资者的目光，使外资投入持续增加，这样就可以形容中国在全球经济中产生了洼地效应；也可以形容江浙一带对人才的吸引，表示其民间资本的持续发展产生了洼地效应；而当解释蓝筹股在弱市中的井喷行情时，就会比较其动态市盈率和平均市盈率，表示其产生了价值洼地。

洼地当然不仅仅是一个地理上的概念，它还是一种趋势。时空在变，洼地也在变，只有具有前瞻性的人，才能够提前看到并进行布局。等别人看到洼地形成时，他已经躺在地中海的海滩上数钱了。

最近几十年，中国出现过几波发展机会。

首先是工业化趋势及其洼地，这个机会属于20世纪80年代初的中国乡镇企业，当时社会相对保守，没多少人敢砸破“铁饭碗”到市场里面去“混”。所以，往往是体制边缘的人最先进行突破，主要还是因为农村没有“铁饭碗”，胆大的人为了可以生存得好一些，自然而然就去做生意了。还有很多人因为各种原因如蹲过监狱，体制不接受他们。没办法，他们也只好去做生意谋生存。从1980年开始，中国以低廉的劳动力、巨大的市场，吸引了大量外国的资本和技术疯狂输入，开启了中国工业化的浪潮，形成了价值洼地，催生了大批“弄潮儿”，也留下来一批资本健将。

其次是城镇化趋势，它形成了一系列的价格洼地。最主要的就是房地产，这一点我甚至不用举例。现在买房子还能否升值我不敢妄论，但前十年、前二十年肯定会赚翻。房地产不是一个孤立的行业，不一定非要靠炒房发财，它涉及的行业之广、之深，恐怕没有任何一个行业可以比肩。在房地产业高歌猛进的同时，你如果适时进入相关行业，如建材、建筑、家电、教育、餐饮、娱乐、零售等行业，也会被推着跑，也能凭先发优势获得不错的发展空间。

再次是信息化趋势。信息化是全世界的大势。从个人电脑到手机，再到智能手机的问世，我们一直在朝着信息化的方向突飞猛进。当然，现在又出现了区块链热潮，它不仅丰富和完善了信息化的内涵，而且自身带有金融属性，必然会深刻地影响很多人的生活。区块链后文会有专题介绍，在这里要说的是，如果你还没看懂这个价值洼地，暂时不要起跳，因为这个洼地里淹死的人已经不在少数。

最后是证券化趋势。当初，推出股市，主要是为了解决国企融资难的问题，后来随着中小板、创业板及新三板的推出，真正实现了资产证券化。可以说，企业也好，个人也罢，只要抓住上述趋势中的一个，在价值洼地形成之初就及时参与，就能实现价值的稳定跃升。

那么，如何找到并把握住这些洼地，获得相应的收益呢？

过去已经过去，未来谁也说不准，所以还是围绕股市讲几点。

例如，那些从事实体产业的公司，其经营方向和经营业绩在一段时间内长期稳定，在危机中不但没遭受重创，还能迅速翻身挺过来的公司股票，最近因为大势随着跌了不少，它就属于“洼地”类投资目标。

再如，关乎国计民生的股票，关乎吃饭问题的粮食和农业概念股，如果其业绩和发展预期都很不错，没有被爆炒过也还没有起涨，就属于价值洼地，非常具有投资价值。

又如，属于或列入国家规划，真正有实力、有规模、有创造力、有发展前景的公司，特别是那些在不远的将来会影响到人们的生产、生活方式的企业，只要价格回落到一定程度，必有良好的投资回报，前提是一定要有耐心，并且是长期持有。

4．安全边际——少谈盈利，多讲亏损

有这样一个段子：

某大公司招聘司机，待遇丰厚，有三个人前往应聘。主考官问："悬崖边有块金子，让你们开着车去拿，你们觉得能距离悬崖多近而又不至于掉下去呢？"第一位说一米，第二位想了想说半米，第三位则表示这个问题无须考虑，把金子放在悬崖边，无论怎样都不会过去，反而会尽量远离悬崖，愈远愈好。于是，他被录取为公司董事长的司机。

好司机不会为金子靠近悬崖。在生活中，却有很多好司机兼老司机，因为惑于利益，铤而走险，不慎翻车。很多人不是没有理财常识，也不是没听过金融诈骗案，但正如那句话："我懂得了很多道理，却依然过不好这一生。"逃过了股灾，还有 e 租宝等着你，跳过了 e 租宝，还有钱宝、唐小僧在你前面排队……在受骗的人当中，有一些人是最不值得同情的，就是在那些公司上班的业务员或员工。想想看，身为公司员工，公司的情况如何难道心里就没点数儿？在这里，不谈那些上当的人的问题。但总结起来，资本市场上亏损不外乎犯了以下几种错误：无知、一知半解、轻信、贪婪、侥幸心理。

做人也好，投资也罢，都需要有安全边际概念，安全边际是与危险边际相对的。在上面的例子中，那两个声称自己可以在一米或半米内拿到金子而不掉落悬崖的司机，是不是真有这本事并不重要，重要的是他们做事情不是把安全放在第一位，难免就会高估自己的风险承受能力。普通人在证券公司开户面

对“股市有风险，投资需谨慎”的提示语时，大多是一笑置之的。很多参与非法集资的人当初也认为富贵应该险中求，而且相信自己能够控制这份风险。而在亏了钱、上了当之后，心态好的人还能理性看待，只是心中郁闷一段时间；承受能力差的人，则直接气急败坏，甚至可能会承受不了打击，人亡家破了。

安全边际最早是由格雷厄姆提出来的，格雷厄姆是股神巴菲特的老师。两人对安全边际给予了极高的重视，并视其为价值投资的根基。安全边际这个概念听起来很高深，其实很简单，就是寻找价格大大低于价值的便宜货，它可以是实实在在的商品，也可以是证券。其实，我们每个人在生活中都在使用这个方法。女孩子去摊位上买衣服时，为什么会大幅砍价呢？人们去市场买菜时，为什么要还价呢？即使这些商品已经很便宜了。当然是想买得更便宜一些，能省点就省点。同时，买的没有卖的精，万一估不准商品到底值多少钱，多还点价，至少可以少吃些亏。

具体到证券投资上，就是指投资者不应只将注意力放在当期持有的投资是否被低估上，还应注意被低估的原因。股市也是个大商场，只不过里面的商品都是股票罢了。秉持安全边际原则，其含义就像购买物美价廉的商品一样，用相对于实际价值非常便宜的价格买入好股票。借用巴菲特的话：用 40 美分的价格去购买价值 1 美元的股票，打个对折都还不够。当然如果更低了，就要反过来想想了，它为什么这么便宜？巴菲特本人就吃过这方面的亏，被套得很惨，只不过他钱多，又极有耐心。他的搭档芒格则反其道而行之，告诫人们要买那些贵得有道理的股票。道理是一样的，什么事情都不能超出它的正常边际，物极必反。

简单点说，所谓安全边际，就是提醒投资者，在投资的时候少一些贪婪的假设，不要把心思执迷于如何赚钱，而是要把更多心思放在如何防止亏损上。如果一个投资者在投资时，首先想到的是亏损，就会安全很多。

前面也说过，其实很多人在正常状态下也是很谨慎的，就连要饭的乞丐都很难从他们那里讨个硬币。所以，最主要的问题还是因为无知、一知半解、轻信、贪婪和侥幸心理作祟。据此，我们给出以下策略，有针对性地解决或改善相应情况。

首先，不了解的东西不要碰，尤其是高风险的投资产品。

不知道什么是高风险？很简单，高收益的就是。风险总是与收益成正比。当然这不意味着那些看上去低收益的就很安全。安全与不安全是动态的，关键看你的认知。如果你有足够的认知，在露出一丝不安全的苗头时你就能查知。当然，你也能凭借这一点在具体介入前深入了解，看它到底在不在自己的安全边际之内。对于钱的事情，一定不能偷懒。自己的钱究竟安全不安全，一定要做到百分之百心中有数。

其次，不要轻信任何人关于投资的信息，包括你最亲密的人。

自己的钱要自己做主，也要对自己的钱负责任。有太多的人，是因为相信了自己的父母、伴侣、孩子、朋友、同学的投资信息而折腰，他们原本并不笨、也不贪，只是因为感情因素，暂时忽略了其中的高风险。投资是个理性的事情，太感性的人做慈善比较好，所以一定不要轻信任何人关于投资的信息。别人相信的，你不一定要相信，只要做好自己的分析和风险评估就好。不要再因为盲从搞得家庭反目、朋友难当。

再次，不要贪婪，不要抱侥幸心理。

追求高收益是人之常情，但切忌贪婪。贪婪会让我们迷失本心，丧失基本的判断能力，做出错误决定。正如一位网友所说：我们想要的是高息，而人家想要的是我们的本金。也不要抱侥幸心理，认为自己不会成为受害者。常在河边走，哪能不湿鞋？最好的办法就是远离高风险的事物，像故事中的第三位司机一样，不为金子靠近悬崖。就算你技术再高超，也没听说过散户能玩过庄家的。虽说再狡猾的狐狸也斗不过猎人，但猎人为什么要去斗狐狸呢？还不是因为它已经祸害了很多人。

最后，不要盲目相信媒体。

很多人上当，有一个原因是看了一些重磅媒体的广告，这实在是令人欲哭无泪。可以说，现在很多媒体都是拿钱说事儿，认真你就真的输了。至于股市，利好消息再多有什么用？利好消息属实有什么用？资本市场很多时候只认筹码，消息只是个杠杆，往哪边撬动，庄家说了算。因此，不如多读书、多思考，读书使人明理，思考使人明智。读的书多了，除非你自己愿意上当，不然那些真真假假的消息、五花八门的伎俩，你洞若观火，一看即知。

5．博傻理论——大家好未必真的好

什么叫博傻理论？简单来讲就是在资本市场中，如股票、期货市场，人们有时候会不顾某个东西的真实价值而愿意花高价购买它，主要是因为他们觉得会有一个更大的笨蛋花更高的价格从他们那儿把它买走。就好比击鼓传花，谁都知道鼓声最终会停，停时没有把花传出去的人会受到“惩罚”，但都认为自己能在鼓声停止前把花传给别人。它告诉人们一个很重要的道理：在这个世界上，傻不可怕，可怕的是做最后一个傻子。

那么，为了利益，人们究竟会傻到什么程度呢？

最好的例子莫过于郁金香泡沫，这是发生在荷兰的一个真实事件。

郁金香，原产于小亚细亚，大约在公元1593年传入荷兰。后来，荷兰成为“海上马车夫”，大量新贵崛起，郁金香这种刚刚引种到欧洲不久的花草受到了荷兰上流社会的追捧，价格变得越来越昂贵。一些敏感的投机商看在眼里，开始囤积郁金香的球茎，然后不断鼓吹，坐待价格上涨。不久，荷兰就掀起了炒买郁金香的热潮。一株原本1000元的郁金香球茎，不到一个月就升值为2万元，足足涨了20倍。面对如此暴利，被利益冲昏头脑的荷兰人开始变卖家产，争相购买郁金香。最高峰时，一种名为“永远的奥古斯都”的郁金香，其售价甚至足以买下阿姆斯特丹运河边的一幢豪宅！

故事的后半场完全是一个悲剧。

投机商赚到利润后，开始抛售郁金香，公众随即陷入了恐慌，郁金香价格也如雪崩一样。当泡沫彻底破灭时，用当时一位市民的话说，那些郁金香甚至还不如一颗洋葱值钱，而千百万人已为此倾家荡产。这就是人类历史上有据可查的最早的泡沫经济案例。

郁金香泡沫或许永远不会再有了，但泡沫，尤其是股市中的泡沫肯定会永远存在。博傻游戏时刻都在进行，只不过程度深浅罢了。总有人秉持“有人比自己更笨”的策略，高价买进一些股票，等行情稍微上涨，就迅速卖出。应该说，理论上也有其合理的一面，因为股市无常，高价之上有高价，哪怕企业一年亏损个几千万元，它的股票照样能封妖。反过来，要在高价时想到低价，并且要想到低价之下还有低价。资本游戏就是个接力棒，只要不是最后一棒，都是有利可图的，怕就怕你接的恰好是最后一棒。

如何避免成为最后一个傻瓜呢？

有个故事是这样的：

一位石油大佬去天堂开会，他兴冲冲地跑进会议室，发现座无虚席。于是他灵机一动，大喊一声：“大家注意啦！地狱里发现了石油！”此言一出，惊起千层浪，天堂里的石油大佬们都想赌一把，争先恐后奔向地狱，天堂顿时空了下来。这位发布假消息的石油大佬美美地坐了下来，但刚刚坐下，他忽然想到，莫非地狱里真的发现了大量石油？不然他们怎么会只听我喊一声就全去了！于是他也急冲冲地跑向地狱。当然了，地狱里并没有石油，大家都是空欢喜一场。

这个故事告诉我们：地狱里是否有石油并不重要，只要告诉人们那里真的有，受潜在利益的驱动，就会有一群群傻子涌进地狱，盲目跟风，此起彼伏，最后总有一个傻子会一不小心成了游戏的最后接盘者。所以，投资要有立场，要有自己的分析，不要盲从，不要沉醉在道听途说的发财梦中，否则只会变成市场的牺牲品。正如巴菲特所说，别人恐惧的时候你要贪婪；别人贪婪的时候你要恐惧。换言之，别人都傻的时候你要精明，别人都自以为得计的时候你就傻一点。

中篇

把握资本规律，运用投资工具

» 第四章　保险——避险收益两不误

1. 保险的前世与今生

自人类社会诞生以来，各种自然灾害、意外事故就如影随形，为了寻求防灾避祸、安居乐业之道，人们很早就萌生了应对各种自然灾害、意外事故的保险思想，以及最原始的保险思维，中外历史上均有明确记载。

中国历史悠久，原因之一就在于，我们是最早发明风险分散这一保险基本原理的民族。坊间传说，中国农村的家长们在安排孩子们的工作时，往往会“分散投资”：大儿子经商、二儿子务农、三儿子当兵、四儿子做工、小儿子当老师……总之，大家不能都做一件事，不然遇到行业不景气，就全都下岗了。这样一来，就算四个行业同时不景气，一家人总还有一个挣钱的，最基本的温饱总可以得到保障。

远在几千年前，中国的商业先驱就将风险分散原理运用在了货物运输中，历史悠久的各种仓储制度，就是我国古代原始保险业的重要标志。还有众所周知的镖局，是我国特有的货物运输保险：商人把货物交给镖局承运，俗称“镖码”，相当于现在的保险标的；再根据货物贵贱进行分级，确定不同等级匹配的“镖力”，相当于保险费率；镖局据此收费，签发“镖单”，相当于保险单；货物到达目的地，收货人按镖单验收后，在镖单上签注日期，加盖印章，交给护送人带回，以完成手续。镖局的这些手续，也与现代保险的承保手续大致相同。

随着社会发展，保险也在不断演变，衍生出各式各样的保险。而在保险的起源中，又以海上保险起源最早，可以追溯到1523年问世的《海上保险条例》，这也是当今世界上第一部规定标准保单格式的条例。15世纪以后，随着海上贸易中心从地中海向北海转移，世界上第一部比较完善的海上保险法案，在1601年由英国女王伊丽莎白颁布，一直沿用至1906年。

至于寿险，早在公元前4000年，修建金字塔的古埃及石匠们就自发组织了互助会，大家各自交纳一定的会费，用于会员伤亡的支出，这种通过集体的力量解决个人经济困难的形式，其实已经具备了现代人寿保险的雏形。1693年，英国著名数学家、天文学家诶蒙德·哈雷编制了第一张生命表，精确标示了每个年龄段的死亡率，为寿险提供了数学依据。后来，辛普森、陶德森等人完善了哈雷的生命表，做出了费率表，提出了“均衡保险费”理论，推动了人身保险的发展。据相关史料表明，最古老的人寿保险组织是1756年成立，1762年开始营业的“人寿及遗族公平保险社”，简称“老公平”。之后寿险蓬勃发展，特别是二战后的全球经济大繁荣时期，寿险成为现代保险业的中流砥柱。

再后来，商业保险种类繁多，包括财产保险、人身保险、信用保险、分红保险等，其中仅财产保险又包含机动车保险、企业财产保险、家庭财产保险、船舶保险、责任保险、保证保险、货物运输保险、意外伤害险、农业保险、工程保险、信用保险等小类。

近年来，分红保险大行其道，究其原因，就在于它可以在实现风险保障的基础上，让客户享受到保险公司每个会计年度相应分红保险的可分配盈余。人们所说的“避险收益两不误”，就是指这类保险。但需在这里提醒大家，人还是单纯点儿的好，只要是买保险，那么首重保障功能，收益永远是次要内容。如果你注重收益，那你干脆去买比特币好了，动辄几十倍的收益。收益高了，绝对会拉低保障，不要过于迷恋“平衡”二字，两全其美，往往意味着一样也不美。

当然，这里没有丝毫攻击分红保险的意思，只是如实地阐释一些事实。下面将要讲到的内容，则是更加重要的一些事实。不加以注意，就算你买了保险，真遇到事未必指望得上。

通常，不管我们买什么保险，在投保过程中都必须注意以下细节问题。

第一，留意“责任免除”条款。

以某保险公司的某寿险条款为例，在该条款第五条是这样表述的：“因下列情形之一导致被保险人身故、身体高度残疾或患重大疾病，本公司不负保险责任：

(1) 投保人、受益人对被保险人的故意行为；

(2) 被保险人故意犯罪、拒捕、自伤身体；

(3) 被保险人服用、吸食或注射毒品；

(4) 被保险人在合同生效（或复效）之日起2年内自杀；

(5) 被保险人酒后驾驶、无有效驾驶执照驾驶，或驾驶无有效行驶证的机动交通工具；

(6) 被保险人感染艾滋病病毒（HIV呈现阳性）或患艾滋病（ADIS）期间，或因先天性疾病身故；

(7) 被保险人在本合同生效（或复效）之日起一百八十日内患重大疾病或因疾病而身故或造成身体高度残疾；

(8) 战争、军事行动、暴乱或武装叛乱；

(9) 核爆炸、核辐射或核污染及由此引起的疾病。

上述各款情形发生时，本合同终止。”

之所以强调这一点，是因为很多投保人的投保过程过于轻松，乃至形同儿戏，甚至连相应条款都不看，大笔一挥，马上签字，心想：难道保险公司还会骗我，那样他们岂不是骗了很多人？殊不知保险合同林林总总，细节一大堆，只有在填写保单时认真阅读合同条款，才能避免日后出现争议。

第二，关注“投保范围”条目。

一般情况下，任何一家保险公司的任意一款险种的条款中，都会规定“投保范围”。例如，投保人与被保险人的实际年龄有误，或投保人与被保险人没有《保险法》规定的保险利益，保险公司完全可以拒赔。别看他们办业务时笑眼眯眯，到了关键时候，可是会跟你抠字眼儿的。

第三，注意“观察期”条目。

各类保险通常都有关于观察期的规定，一般为 180 天，目的是防止恶意诈保。在观察期内，被保险人若发生意外，通常保险公司是不赔的。

第四，必须按时交费。

根据规定，如果投保人没有在规定日期内交费，保险公司会给予一定的宽限期，一般是 60 天，在宽限期内发生意外事故，保险公司会承担保险责任；宽限期后仍不交费的，保险公司会根据保单的现金价值自动垫付，使保单有效，若垫付费用不足，则保单效用中止，再发生事故，保险公司不用承担保险责任。

第五，谨守“最大诚信原则”。

法律要求保险公司和投保人都必须履行“如实告知”的义务。对投保人来讲，一定要如实回答保险合同中列明的各项问题，可能你一个小小的隐瞒或疏失，就会失去日后索赔的权利。至于保险公司，不能完全指望他们的诚信，更不能任由他们用超快的语速复述一遍了事，要反复查、反复问，同时请教懂行的人，让他们想隐瞒也隐瞒不了。

第六，注意签名环节。

一般来讲，除了没有法定行为能力的人（如未成年人），投保人、被保险人、受益人都应该是亲笔签名，不允许代签，哪怕是最亲近的人，特别是不要让保险业务员帮你填写，以免日后出现纠纷。

2．理财是需要，保险是必要

在众多的理财工具当中，保险应列在第一位。

为什么？因为它是用来捍卫人们最重要的财富——生命财富。与此同时，它也在捍卫着人们的物质财富。

保险最重要，没有之一。有人说，保险很重要。这话讲得其实并不对。如果说保险很重要，那么又有什么是不重要的？是储蓄不重要，还是股票不重要？显然，它们也很重要，是每个中产家庭的标配。所以，不是关于保险重不重要的问题，保险应该是最重要的理财工具，而且是必要的。

你可以不买任何理财产品，但你应该有一份保险。因为就算不理财还可以通过做实业或别的方式赚钱，但你不买保险，没有其他替代方式可以在出事后保障你和你的家庭不会受到太大影响。

事实上，就算你做实业，也应该先给自己买份保险。为什么？很多银行，如平安银行，在给客户贷款前会有个基本要求：购买过商业保险。其内在逻辑是，购买了商业保险的人，往往都对风险有基本的认识，并且付诸了行动，有这种意识的人坏债率远低于那些从不肯为安全支付任何代价乃至天塌下来也无所谓的人。

换言之，买保险是靠谱的人做的靠谱事儿。但不代表不买保险的人就不靠谱，只是，我们都应该买一份保险。

平时，我也常跟我的学员们说，理财本身也是一种冒险，但富贵有时必须险中求。通常那些大富翁都是具备冒险基因的人。但有一点要注意的是，你可以折腾，不能折腾你身边的人；你也可以失败，因为人生除了成功就是失败，重要的是失败后还能过体面的生活。所以，冒险前要做好相应的准备，解决家人与自己的后顾之忧。

保险就像飞机上的降落伞，虽然未必有用，但这份保障是实实在在的。李嘉诚曾说过，他其实没什么钱，所有的钱都是上市公司的，一旦经营不好，市值说蒸发就蒸发，唯一可以依靠的是自己和家人的几份保险。有人认为，这根本就是保险公司杜撰出来的，因为凭李嘉诚的资本，他完全可以开几家保险公司，想开多大就开多大，又何须买保险呢？当然也有人对李嘉诚的保单数额比较感兴趣，想来至少也有几十亿。但这都是把心思用在了歪处，保险人人需要，不管他是超人李嘉诚，还是普通人甲乙丙丁。相反，超人需要的保险品种更多、范畴更广，因为保险是一种保障机制，李嘉诚不仅要用它来保障自己和家人，还要用它来保障自己的公司与员工。大家都有了保障，整个社会也就有了保障，相关风险就不会那么容易发生了。

前两年发生过一起众人瞩目的金融事件“宝万之争”。简单来讲，就是宝能老总姚振华斥巨资购买了大量房地产老大万科的股票，成了大股东不说，还想当董事局主席。万科创始人王石拼死抵抗，使出浑身解数，依然命悬一线。关键时刻，格力董事长董明珠站了出来，呼吁相关部门制止姚振华，这倒不是同情万科，而是不安分的宝能已经开始向格力伸手。结果证监会对宝能一番狠批，宝能从此断了鹊巢鸠占之心。有人可能不理解，为什么要批宝能？为什么禁止人家买股票？证监会说得很清楚：宝能是做保险的，其资金就算不完全来自客户的保险费，也不会完全没有关系。用客户的保险费去玩风险且加了杠杆的股票，万一亏了，用什么赔客户？所以，保险公司首先要保证客户的保险费安全，其次才能谈及利润。

做人也是这样，首先要保障自己最基本的生活，无论遇到什么问题都能从容应对。满足这一条件之后，才能谈得上理财。

但人们为什么那么排斥保险呢？原因有二。

第一,一定程度上源于从业人员过于热情。就像推销员拿着一款产品追着另一个人说:“你买吧，你买吧，这对你太有用了！”结果会怎样？肯定是再三拒绝，最后没准还会发火儿。大部分人并不是不喜欢保险，而是不喜欢被强行推销。

第二，先前保险行业缺乏监管。香港保险业发展一直很不错，很多投资者甚至会选择专门飞到香港去买保险，大家为什么舍近求远，去香港买保险？因为香港保险业成熟度高，成立时间早，经过了漫长的时间检验和国际市场的竞争。如果说香港保险存在什么缺点的话，那就是核保过于严格。在投保前会调查很多相关问题，甚至录音留证，条件不合格就不予投保，如果靠投机取巧，哪怕入了保也会被退保。与国内“宽核保严理赔”恰恰相反，香港保险通常是“严核保宽理赔”。另外，它要求所有投保人必须到香港投保，购买保险，签订保险协议。这也制约了一大波想要投保又受地域所限的人。

近年来，大陆保险业日益与国际接轨，向香港看齐，已经越来越正规。举个最基本的例子，以前保险业门槛很低，随便是谁，穿上一身西装就上岗了，只要你自己先买份保险就可以。但今时不同往日，如今大陆保险业各方面日趋完善，我们不能活在历史的阴影里，更不能因噎废食。

3. 生命周期与保险需求

1954年，美国著名经济学家、诺贝尔奖获得者莫迪利亚尼与他的学生布伦博格共同提出了一个全新的理论——生命周期理论。该理论把人的一生区分为青年、中年、老年三个阶段，人一生的财富积累状况如同驼峰，年轻时很少，但逐渐成长，到退休之前达到最高峰，之后再次降低。该理论是指导个人理财的核心理论之一，它从生命周期整体出发考虑理财，旨在让人们根据各个周期的特点，结合实际情况设计理财方案，选择适当产品，以在整个人生过程中合理分配财富，实现人生效用的最大化。

生命周期理论尤其适用于保险，具体说来如下。

在青年期，也就是人们从参加工作到结婚这段时期，一般为2—8年，年龄一般在22—30岁，此时个人刚刚迈入社会，走上工作岗位，收入较低，但花销不小；没有多少家庭负担，应重视的只是自身的意外和意外医疗类保障。这时候就可以考虑一定数额的定期寿险，万一发生意外，可得到充分的赔偿，用于治疗和渡过受伤后的难关。万一身故，也可为父母提供抚恤金，用于晚年生活。收入较高的话，可同时考虑重疾险，毕竟“年纪越轻，保费越便宜”。如果有医保或单位能部分报销，就可选择津贴类保险。

中年期也称成熟期，标准是结婚到孩子完成大学教育，这个阶段，主要是围绕着家庭转，所以又可将其细分为家庭形成期、家庭成长期两个阶段。

其中，家庭形成期是指从结婚到新生儿诞生的这段时期，一般1—3年，随着家庭的组建，子女的降生，人的经济负担加重，不复先前的潇洒；同时家庭总收入也在增长，并且事业处在上升阶段，生活开始走向稳定。这时候最大的家庭支出一般是房贷，要将其合理规划在自己的承受范围内，并预留周转的空间。同时，要开始考虑子女教育金的准备，规划越早，后期负担越小。

这时候，夫妻对双方、对父母都承担着责任，可选择保障性高的终身寿险，附加定期寿险、意外险、重疾险和医疗险。另外，可以购买适量的两全保险，储备孩子的教育费用以及自己年老以后的养老金。家庭保险组合应以终身寿险 + 重疾险 + 意外险 + 医疗险为主，有条件再考虑投资性保险。

家庭成长期，是指子女出生到完成大学教育这段时期，一般为 18—22 年，这个阶段人们的生活与事业都趋于稳定，家庭成员没什么大的变化；只是孩子慢慢长大，父母慢慢变老，自己的身体机能越来越差，所幸此时一般也有了一定的资产储备，不必陷入没身体了偏偏还要拼身体的境地；当然，不投资永远是坐吃山空，应该在有基本保险品种的基础上，考虑提高投资类保险或其他投资渠道的比例，逐年累积净资产。

人到中年，承载着整个家庭的压力和责任，要考虑家庭及家人健康，可以也应该根据家庭状况，选择适当的健康险，建议首选重疾险。同时，需要为自己购买较高额的寿险、意外险和特种疾病险，再配合住院险和津贴型保险，万一发生意外，可使孩子和家庭得到经济保障。

接下来就是老年期了，也称家庭成熟期，指子女工作到个人退休前，一般为 10—15 年。在这个阶段，家庭稳定，子女独立，收入增加，支出减少，资产不断增加，负债不断减少。如果个人在这些年足够努力并且有点儿机遇的话，可能已经实现财务自由了。这个阶段虽然事业上处在巅峰期，但身体机能下滑严重，这时候应该侧重与退休养老相关的保险产品，投资组合的主基调是稳健，在降低风险的同时获得更稳健的受益。

此外，在上述总原则不变的情况下，还可根据投保人的实际情况进行具体调整。不同的人生阶段、不同的财务状况、不同的职业类别，可以有不同的选择方式。例如，近年来比较流行的消费型保险与储蓄型保险。前者好比租楼，有事有保障，没事无钱取，租约期满还会加租或断租。后者有储蓄功能，有事有保障，无事有钱储，供一段时间便可终身享受保障，像供楼一样。我们在这里提到它们，不是简单地把它们放到读者面前，推荐大家买买买，而是借此告诉大家，保险品种很多，而且经常推陈出新，各种政策法规也在不断完善之中，有心人要经常性地关注它、研究它，自己不一定要买，但要买时便轻车熟路，谁也蒙不了你。

4．购买保险的基本原则

资深的保险从业人员之间流传着这样一个故事：

多年前，有一个威尼斯商人通过多年调查发现，出海航行的商船每年出险沉船的概率大约为5%，于是他开办了一家保险公司，保险费率为商船总价值的10%。他的保险业务很快红火起来。因为船主们知道航海利润虽高，但风险也很大，一旦沉船将倾家荡产。而如果买了这种保险，一旦沉了船就找保险公司赔偿；如果没有沉船，他也只是少赚了10%的利润。由于航海贸易利润丰厚，10%的保险费他们很乐意接受。

5年以后，有一个拥有100艘商船的大老板发现他干了一件很愚蠢的事。5年来，他每年都给自己所有的商船购买保险，他每年沉船的数量在4—6艘，他买保险每年花掉的钱却能买10艘商船，买保险比不买保险还要多付出一倍的代价，那买它干什么？

不用强调，大家也都知道做人不能一叶障目，无论如何，有保险就是比没保险强。至于上例中的大老板，他觉得不划算那是因为他的商船足够多，多到足以自己为自己的财产保险的地步了。例如，我们曾经提到过的李嘉诚，他自己开个保险公司是分分钟的事，但还是买了别的公司的保险，这些保险他这辈子可能都用不着了，就算发生些意外或疾病，也不可能像普通人那样等着理赔的钱急用。如果用普通人的思维来看，买保险纯属没意义，自找麻烦，然而这恰恰遵循了保险第一原则，我们姑且称之为“普通原则”：任何人都是普通人，因为普通，所以会病、会老、会死、会出意外，而唯一能帮忙抵挡这些意外的就是保险。不要总觉得保险用不上是干赔钱，真到保险用上的时候，不是生了病，就是出了别的不好的事情。

除此之外，购买保险还要遵循以下基本原则。

一是先意外后重疾。

谁也不知道意外和明天哪一个先到，一旦遭遇意外，家人的生活谁来保障？意外险的保障范围就是最坏的人生景况，包括身故和残疾等。无论你是单身贵族、二人世界或者三口之家，都需要对父母、爱人和孩子负责，都需要直面这些有可能发生的情况。能为自己投一份意外险或者为家人投保都非常好，它能使人得到全面保障的同时，收获一分安心。意外险一年保费约百元左右，保额却高达 10 万—20 万元。和年均保费几千元、几万元的人身寿险相比，意外险显得特别划算。其次是与生老病死有关的重大疾病险，一场大病，直接医疗费用就是几十万元，中产瞬间变无产，康复也可能也不复当年的赚钱能力，所以一份重大疾病保险非常必要。

二是先大人后孩子。

有这样一个真实的案例：

2008 年年初，某企业发年终奖，分别给 4 位高管每人一笔保险补偿金，补充公司所交保险的不足，由高管们自己选择被保险人。其中高管 A、B、C 都投保了本人，高管 D 却是给孩子投保。当年 5 月 12 日，发生了汶川大地震，这个企业就坐落在灾区，4 位高管不幸罹难，ABC 三位高管都获得了不菲赔偿，只有 D 高管因为被保险人是孩子，而孩子没有死，保险公司找不出赔保的理由。面临的情况是退保或者继续缴纳保费，退保没多少钱，继续缴纳保费的话，D 高管的未亡人没能力，最终只能选择低价退保。

保险是一件非常理性的事。在中国，父母们总是以孩子为中心，保险也不例外，调查显示，约有八九成的家庭给孩子买了保险，但这些家庭中的父母没买保险的占了绝大多数。许多父母以为帮子女买了保险，就万无一失，却不晓得保险这笔钱，必须花到刀刃上。谁是刀刃？父母。父母是家庭经济支柱，万一父母出事，未来生活费都没有着落。为子女买保险是长达十几年的事，父母中途若发生意外，交不出保费怎么办？因此，家庭保险规划应该以大人为重、小孩为轻。再具体点，要先考虑最能挣钱的那个人，然后是其配偶，最后才是子女。国人反向操作，一是观念和知识上有差距，二是因为保险从业者不负责任、投其所好。

三是从小保单买起。

对于经济条件不是特别宽裕的家庭来讲，购买高额保单应该慎重。就算是中产、富豪，保险也不是买得越多越贵就好，而是要力求均匀覆盖所有风险。不同类型的保险应分别购买，一份大保单不如若干小保单，可以有针对性地覆盖终身寿命、大病治疗和人身意外。另外，买小保单还有一个讨巧之处：保险是一个长期计划，购买后退保会损失很多；而一个人的经济收入可能有起有落，万一收入降低，小保单缴费低也不会有压力。就算有了压力，因为都是小保单，可以选择其中某张保单退保，而不致放弃整个保障计划。

四是不买长期交钱的保险。

因为通货膨胀的存在以及全面理财思维的指引，切忌买那些动辄几十年的保险。例如，现在每月交一笔 2000 元的保费，然后到八十岁时返还几十万元给你，看似划算，实际上很吃亏。几十年时间，投点什么不能赚个几十万元？

五是不要法定受益人。

受益人千万不要选法定，要指定。如果是法定的话，现行法律规定是配偶、子女和父母。涉及的人越多，需要的材料和手续越是繁杂，将来还有可能造成意外之外的家庭纠纷。

六是只买对的，不买贵的。

有些人买保险，纯粹是因为自己的亲戚朋友在从事保险，架不住反复劝说，所以糊里糊涂就买了一些，甚至不知道保的是什么，然后就觉得足够了。有些人是为了面子，也不管自己需不需要，看到身边的亲戚朋友都买了，马上就买，别人买什么我就买什么，反正不能落后。还有些人盲目地给孩子买教育金、给自己买养老金、买各种理财类保险等，这些都是不科学的。首先，应该给家人购买意外险，这是每个人最基本的保障，犹如我们的社保；其次，是购买大病和重疾险；再次，是养老保障金和子女教育金；最后，才是理财产品。

» 第五章 储蓄——向银行学习赚钱

1. 省下来的才叫钱

“省一块钱等于赚一块钱。”——这是台塑集团创始人王永庆的名言。他说：“多争取一块钱的生意，也许要受外在环境的限制；但节省一块钱，可以靠自己的努力。所以节省一块钱，就等于净赚一块钱。”他还说过，“赚一块钱不叫赚钱，省一块钱才是赚钱。”这话听起来好像很没道理，但其实不难理解。试想，如果赚的一块钱被你用掉了，至少在财富状况上，现在的你和没有赚到这一块钱时没什么区别。但如果省下了一块钱，它就是你实实在在的资产。什么时候想用，立即就能派上用场。所以说，省一块钱才是赚钱。

这倒不是王永庆的专利。早在18世纪，英国经济学家亚当·斯密就曾说过：“资本增加的直接原因是节俭，不是勤劳。诚然，没有节俭以前必先有勤劳，节俭所积蓄的东西都是由勤劳得来。但如果只有勤劳，没有节俭，有所得而无所留，资本则不能增加。”

巴菲特也说过：“如果你想知道我为什么能超过比尔·盖茨，我可以告诉你，是因为我花得少，这是对我节俭的一种奖赏。”巴菲特的第一个孩子出生时，他把妻子的梳妆台抽屉改装成了摇篮；第二个孩子出生时，他借了一只婴儿床；有一次在某酒店跟客户签合同时，他打电话让朋友给他带6罐百事可乐过来，因为这样他就不必为喝可乐而支付客房服务费！

很多朋友形容自己的生活时，往往会用“起得比鸡还早，睡得比狗还晚”来比喻，虽说有点粗俗，但也说明了创业者大多是勤奋的人。勤奋铸就卓越，同样是打工，勤奋的人也往往比一般人赚得多些，但赚得多不等于存得多。很多人号称月薪上万元，稍差些也有三四千元，但每月除去花销，他们能剩下多少？一不小心，也许辛辛苦苦换来的只是一个名义上的高薪与空空如也的口袋。等到关键时刻，一分钱也拿不出来。甚至由于财富状况不理想，借钱都没人肯借，那么再好的财富计划也只能暂时搁置。

李嘉诚有一句话是这样说的："30岁以前要靠体力赚钱，30岁以后要靠钱赚钱。"这话说得没错，只有让钱去生钱，财富才能积累得更快。说起来容易，做起来太难。生活中的大多数人，终其一生都无法摆脱用体力赚钱的悲哀。但这怪不得别人，因为这种悲哀是我们自己造成的——由于不懂得勤俭节约，始终不能积累足够的原始资本，以致"用钱赚钱"的计划无限延长，最终破灭。所以，好好对待仅有的这点财富吧。养成节约的好习惯，善待手里的每一分钱，也许不必等到30岁，你就可以过上用钱赚钱的日子。

1720年，荷兰人曼德维尔出版了一本名为《蜜蜂的寓言》的畅销书，大意是说一群蜜蜂为追求奢华的生活而大肆挥霍，结果蜂群居然很快兴旺发达起来。但后来，由于换了蜂王，这群蜜蜂改变习惯，放弃了奢侈的生活，转而崇尚节俭，结果却导致了整个蜜蜂社会的衰败，最终沦落到被敌对蜂群打败而逃散的命运。200多年之后，英国的经济学家凯恩斯提出了同样的理论，即"节俭悖论"：在某种程度上，公众越是节俭，降低消费，增加储蓄，就越会导致整体社会收入的减少。因为在既定收入中，消费与储蓄成反向变动，即消费增加，储蓄就会减少；消费减少，则储蓄就会增加。进一步来讲，人们的节俭会导致支出减少，从而迫使厂家削减产量，解雇工人，导致收入减少，经济萧条。不过，这也并不意味着我们存款就一定会影响国家宏观经济，况且随着人们生活观念的转变，习惯性存款者越来越少，很多人干脆做起了"负翁"。

有人总是把没钱当成借口，说自己没钱理财，觉得投资理财只是有钱人的游戏。其实，越是没钱，越应该存钱。穷人所谓的没钱，是没有大钱。对于中低收入者来说，理财的第一步就是节流，尽管他们的流量相对较小。钱分多少，资本也有大小。穷人最缺的不是资本，而是储蓄的思维和习惯以及投资的技术。没有储蓄的思维与习惯，永远不会有太多的钱。我们常听人们说某某赚了“第一桶金”，最后才发家致富。可见，“第一桶金”很关键，是投资理财的根基。对于普通人，我们没有机遇或运气快速拥有“第一桶金”，该怎么办呢？出路最终还得落在合理、有序、持续地储蓄上。

不少 30 岁以下的年轻人沉浸在享乐里，美其名曰“活在当下”。然而，当下总会过去，如果没有足够的积累打底，曾经的追风少年也要面对现实的冷风。只看重眼前而过度消费，今后势必要为被浪费的时间价值付出代价。要知道，现在挥霍掉的100元并不只是100元，它还意味着可能的源源不断的收益。所以，要趁早树立理财意识，及早开始储蓄并参与投资，这才是对自己的未来负责。

2．强制储蓄，立竿见影

有这样一个故事：

有一对夫妻，因为过年手头拮据，发生了口角，妻子抱怨丈夫买烟的花销太大，把本该用来过年的钱都花了。丈夫不服气，说自己抽烟根本花不了几个钱。这时来了一个朋友，给他们出主意：从明年开始，丈夫每买一包烟，妻子就往储钱的盒子里投一包烟钱，他们同意了。结果到了年底，妻子打开钱盒，发现里面已经是一笔不小数目的存款了。用这笔钱，他们热热闹闹过了个年。然后，丈夫毅然戒了烟，妻子则坚持每天存钱，因为她发现了这样做的好处。

尽管这个故事不能全面体现“强制储蓄”这四个字，毕竟辛苦攒了一年的钱，过年几天就花光了，这并非理性的消费观，不过它也暗合了强制储蓄的逻辑。

人总是要消费的，但善于理财的人是将收入减去存款后的部分当作开支，不善理财的人则是先想到开支，才考虑存款。至于那些寅吃卯粮，还没有收入就想着买买买的人，如果不改变这个恶习，这辈子是别指望攒钱了。

为什么需要强制储蓄？因为我们的生活充满了不确定性，消费支出也具有不确定性，一不小心就会超支。先储蓄再考虑消费的逻辑，可以有效控制我们的支出金额，一些可消费可不消费的地方就不会去消费了，慢慢地就完成了财富的积累。长此以往，聚沙成塔，就能累积不少资产。

道理明白了之后，还要学会手段。下面是几种常见的储蓄理财手法。

一是约定自动转存。

约定自动转存就是客户与银行签订协议，只要活期账户的余额超过一定数额，银行就在每月固定时间将客户活期账户内的指定金额自动转为定期。例如，客户与银行约定，只要账户余额超过8000元，则在该月的18日将其中的5000元转为定期存款，具体的定期年限由客户决定。这样不仅能自动把预算之外的闲钱及时转成定期存款，同时还能保证手头永远有一笔可提取的活期存款。

二是12存单法。

每月提取工资收入的10%—15%，做一个定期存款，期限可以设为一年，每月都这么做，一年下来就会有12张一年期的定期存款单。12存单法的好处就在于，从第二年起每个月都会有一张存款单到期供你备用，如果不用可再加上新存的钱，继续做定期。既能比较灵活地使用存款，又能得到定期的存款利息，是一个两全其美的做法。这样坚持下去，日积月累，就会攒下一笔不小的存款。如果嫌一年时间太长周转不开，先从3个月、半年定存开始也无妨。也有人喜欢24单（2年期）和36单（3年期），但个人认为储蓄周期太长，不划算，这么长时间内都用不上的钱，不如通过其他途径进行投资，收益会更好。

三是阶梯存款法。

这种方式更适合已有一笔固定资金的投资者。例如，有一笔10万元的资金，将其均分为5份，按1、2、3、4、5年的期限存5份定期存款。第一年过后，把到期的1年定期存单续存并改为5年定期；第二年过后，则把到期的2年定期存单续存并改为5年定期。以此类推，5年后，5张存单都会变成5年定期存单，但每年都会有一张存单到期，并且都能享受5年定期的高利率。

四是强制归集关联账户。

最近有个“保底归集”方式很火，简单说来就是当关联账户余额大于保底金额时，银行自动把超出部分转账至中心账户；当关联账户余额小于或等于保底金额时，则不执行任何操作。全额归集是指归集方式设置为全额归集后，只要关联账户余额大于0，则自动把关联账户所有资金转账至中心账户。其实这并不是新鲜事物，而是超级网银的功能之一，最近被应用在夫妻理财方面，的确不失为控制不合理消费一方开支的有效方法。

很多人认为强制储蓄不符合人性，因为赚钱就是为了消费。其实究竟要不要理财在于个人选择，如果你自己不认同，没有谁能强制你。自己赚钱自己花固然是对的，但这只是行一时之乐。我们不应该只看眼前，而应该及早为未来做一番规划。虽说强制理财很难，一开始也没多少财可理，但万事开头难，只要坚持理财，之后肯定会越来越好。

3．储蓄不等于把钱放在银行

前面讲到，储蓄是理财的第一步，是最稳健的理财。众所周知，钱放在银行里是有利息的，有了本金就可以获得一部分利息收入，所以银行储蓄一直是很多人的最爱。

但这是在以前，在当今的经济环境下，现实的紧迫性，导致单纯靠存钱而取得极大收益的可能性越来越低，甚至于靠把钱存在银行来保值都越来越难。股民们经常会问：你跑赢了大盘没有？储蓄者也应该问问自己：跑赢通胀了吗？

储蓄绝不等于把钱放在银行。同样一笔钱，换个人去存，利率相差极大。原因就在于有的人只知道储蓄，而有的人不仅知道储蓄，还知道更多的储蓄方式。

在很长一段时间内，中国都是全球的储蓄大国，不仅储蓄金额大，储蓄比例也高。但是，近些年，随着国家经济的飞速发展，民间资本相对不再那么不可或缺，国家开始不断下调存款利率，存入银行的钱也因此不断缩水。从整体上来看，这是好事，但对储蓄理财而言肯定不是好事。我们取 3% 作为中等水平的存款利率来计算，假设有 10 万元，我们按照复利算，存银行一年能获得利息 3000 元，第二年能获得 6090 元，五年后总额为 115927.4 元，一共能获得利息 15927.4 元。但如果把这 10 万元用来买货币基金类理财产品，按 4% 的年化利率算，一年后能收益 4000 元，五年总额为 121665.3 元，共获得收益 21665.3 元。事实上，近年来存款利率一降再降，目前银行的活期存款利率只有 0.35%，虽然最近稍有提高，但不能指望跑赢通胀或 CPI?

所以，把钱放在银行里，只会越来越不值钱。除非你的资本够多，有必要将其中一部分拿出来存在银行作为资产配置，并且懂得更多的存款理财方式，如表 1 所示。

表 1　各种存款理财方式

方式	期限	利率	起存金额	风险	流动性
定期存款	3个月、6个月、1年、2年、3年、5年	3个月平均1.419%，6个月平均1.67%，1年平均1.93%，2年平均2.516%，3年平均3.083%，5年平均3.138%	50元	很低，即使银行破产或倒闭，储户的存款也能享受存款保险制度的保护，50万元以内全赔	未到期前可随时支取，但只能按照活期利率计息
大额存单	1个月、3个月、6个月、9个月、1年、18个月、2年、3年、5年	一般较央行基准利率上浮40%，略高于银行定存，1年期利率普遍为2.1%	有的30万元，有的20万元	很低，与定存一样属于存款，受存款保险制度的保护	未到期前可提前支取，靠档计息。例如，3年期存单持有满1年的时候提取，按照1年期定存利率计息
国债	3年、5年	3年期3.8%，5年期4.17%	100元	几乎为零，受国家信誉保障	持有不满6个月不计息，6个月以上靠档计息，另外要扣除本金千分之一的手续费
银行理财	大多为1个月至1年	2月份平均预期收益率为4.05%	5万元	较低，其中R1级别很低，R2级别低，R3级别中等风险，R4和R5级别很少见	封闭式理财很差，不能提前赎回；开放式理财可随时赎回，但持有时间太短需支付手续费

总的来讲，以上 4 种存款理财方式安全性都比较高，又各有特点。其中，定期存款最常见，存取最方便，但利率最低；国债因为有国家托底，最安全，利率也比较高，但很难买，经常被抢购一空；大额存单本质上没有特别突出的地方，只能作为定存的一种补充；银行理财收益率最高，但大部分流动性比较差。

这里要注意到一个关键词“银行破产”，以前把钱放在银行至少内心是万分踏实的，反正有国家兜底，银行也不会破产。但现在，这种观念再也不能有了，因为中国的银行已经越来越国际化、市场化。对此，投资者又该如何面对呢?

首先，如果时间比较充足，看重资金的安全性，对资金的流动性要求不高，未来三五年内不会用到这笔资金，那么首选国债。凭证式国债只能在银行柜台购买，所以需要在固定时间起早排队，当然如果你不太落伍，也可以选择在网上抢购。

其次，如果追求产品的收益率，那么建议选择银行理财。一些中小银行的理财产品收益率能达到 4.5% 左右，比国债更高；如果同时追求流动性，那么可以选择开放式理财，收益率是变动的，建议尽量持有时间长一点，否则有可能收取赎回费。

最后，如果你认为银行理财没那么安全，并且国债也抢不到，那么只能选择定存了。钱少的话只能存普通的定期存款，有 20 万元或 30 万元以上可以考虑大额存单。

4. 守好自己的“不动产”

不动产，原本是指房子、厂地等不会动的固定资产。这里加上引号，代指那些不可移动的资产。换言之，无论有多么好的投资计划和发展项目，都不可以动用这些资产。因为它是保证你在发生了人生风险时，仍然可以正常生活的重要保障。那么，我们该怎样守护好自己的“不动产”，让自己没有后顾之忧地理财投资呢？

前文中，我们了解了储蓄的方法和利弊。选择储蓄一部分“不能随意动”的钱非常明智。但这里需要明白，“不动”是相对而言的，“不动产”并不是永远不能动，如果只是一笔“死钱”放在那里自然也就失去了价值。这笔“不动产”应该是你最近一段时间以及未来几年生活的一种保证，它可以是一个固定的数额，并非永远保持数额的不变，可以拿出来应急或消费，但用过之后一定要及时补上。因为大部分人每月都会有一定数额的收入，所以应该保证这笔钱在长时间里保持一定数额。而这笔钱至少能维持你半年左右的生计，从而可以保证你在生病不能工作、突然遭遇失业、家人遭遇不测需要照顾等意外情况下，平稳过渡所用。这段时间即使你没有收入，也可以凭借之前积累的“不动产”帮自己渡过难关。不过在这笔“不动产”的有效期内（也就是这笔钱用完之前），你需要让自己重新步入正轨。

我亲历过一家企业：企业主是个真心想做事的人，他与几位股东商量后，计划扩大企业的生产规模，因资金不够，便与妻子商议，将家庭存款2000万元全部投入。但企业在扩大生产规模后，却遇到了订单急速减少的市场变化，企业不得不将部分厂房车间关闭。恶性循环的结果导致企业将部分资产转卖还债，但优先偿还的是银行借款和员工工资，轮到家庭输送出去的2000万元时，基本已经没什么可卖的了。用专业术语表示，这叫财产混同，是创业或企业的大忌。在这里我建议，无论多么强大的人，都要给自己和家人预留一块“自留地”，确保企业万一遇到意外时，家庭成员的生活至少有基本保障。诸如房子、生活费、养老金以及儿女的教育经费等，这类不动产是需要稳稳守住的。例如，把一半积蓄放在银行存款或国债上，这些钱的作用不是增加收入，而是保本，避免让财富暴露在不可控制的高风险下。除存款和国债之外，还可以尝试关注其他低风险理财产品，如人民币理财产品和货币市场基金，投资这些理财产品本金会较为安全，虽然给出的收益率都是预期收益率，没有绝对的保证，但实际上收益率波动范围并不大。

如果可以，要尽可能地让“不动产”变得丰盈一些。“不动产”的数额越多，可以提供保障的有效期就越长，也就有更多时间调整自己的状态。所以，在自己的能力范围内，多储蓄一定数额的“不动产”，看似暂时委屈了自己，实则是给了自己一个没有压力的未来。

收入有限的情况下，“不动产”数额维持在一个适合的范围之内就可以了。剩余的闲钱可以用来进行其他方面的投资。如此，你的财富才能增长得越来越快，从而产生更多的“不动产”。但前提永远只有一个，就是在守好自己“不动产”基础上进行其他理财投资。放弃这个前提，就会处处被动、事事被动。

不管你现在是正值青春或是人到中年，也不管你正处于哪个财富阶层，都不妨从现在开始为储备“不动产”。而储备的原始形式，当然还是存钱，这也是最好的方式。具体来说，就是根据自己的收入做好分配比例，按月储蓄，越早一天完成这笔款项的储备，你的后顾之忧也就越早一天结束。

5．正确看待银行理财产品

银行现在也会破产，不再是人们过去心中的“保险柜”了。不过，我们必须正确看待这件事，毕竟银行现在依然是最值得信赖的金融机构，银行的理财产品相对来讲也是最兼顾安全与收益的金融产品。当然，既然银行都已经开始市场化了，那我们也要用市场化的眼光去看待银行及其理财产品。

银行其实是最会赚钱的地方。

银行借助自己的信用形象基因（国家机构或国家许可），运用合法、安全、专业的代名词，以提供稳定、可靠的利息为回报，并以此为吸引力，向公众合法借钱、筹集资金。另外，由于其特殊专营身份，银行在向公众借款时支付的利息是低廉的，甚至远低于通胀率。在吸收了大量公众存款后，银行将借来的资金投放到一个个经过专业细致的评估，并且预期会获得较高收益的项目中，或者按较高利率再将钱借给缺乏融资渠道的个人、企业，包括国家基建项目，从而获得收益，实现用公众的钱赚钱。所以，千万不要以为银行天生有钱，它只不过拥有可以运作资本的特权而已。在资本运作方面，银行远不如一些高手级企业家。当然，一定程度上也是因为银行必须保持稳健，不可能像私企那样动辄豪赌。

如果银行有太多不良资产，那将是整个社会的噩梦。

然而，稳健不等于没有风险，风险这种东西始终存在，由于银行理财产品并非存款，所以必然也存在一定风险。有不少投资者误认为银行理财产品一定会保本收益，将其看作保险箱，这其实是存在误区的。有时候，几个细微的字眼，就可以引诱你进套，在亏损时哭诉无门。例如“预期最高收益”这个词，很多人通常把它等同于实际收益。其实“预期最高收益”是指在理想情况下理财产品的收益情况，这其中是存在一定的市场风险的。预期收益最终能不能实现，是由市场说了算，操盘手也占很大因素。另外我们还要知道，国家允许银行宣布破产，也会赔付给存款人不超过 50 万元的存款，但是不会赔理财产品的。因为理财产品本质上就是投资，投资就会有风险。世上不存在只享受收益不承担风险的投资。

提示这些情况不是让大家因噎废食，而是说在投资理财时多注意和防范相应的潜在风险。例如，流动性风险、收益风险和本金风险这三大主要风险。其中，流动性风险是指在理财产品没有到期之前，投资者不能提前支取本金和收益。因此，在购买相关理财产品时，要考虑如果遇到急事自己有没有解决方案。收益风险则是指除固定收益类产品外，有许多产品的收益是预期收益，是一个估值，而不是实际已经发生的，也不代表一定会发生。如果你还记得前面的内容，那么在想到这种预期收益的同时，你也要想到预期的亏损。至于本金风险，是提示大家有的理财产品确实是保本的，而有的理财产品根本不保本。不要完全听信从业者的话，要自己审慎地看相关资料与合同，并注意留存证据。

另外，购买银行理财产品时，要在综合考虑安全、风险、收益和流动性的基础上，合理分配资金，选择适合自己的理财产品。例如，退休家庭或中低收入家庭就应该购买低风险产品，风险承受能力高的中产家庭则可以选择外汇产品以获取利差，选择有封闭期的理财产品时一定要备足周转金等。

互联网飞速发展的今天，特别是在移动互联网方兴未艾的当下，各大银行也早已搭上了互联网的快车，在各互联网金融公司推出的各种理财“宝宝”收益率持续下滑的同时，推出了自己的各种“宝宝”，诸如薪金宝、活期宝、现金宝、平安盈、掌柜钱包、如意宝等，它们或许现在收益暂时不如互联网金融公司的产品高，但未来肯定能持平或赶超，因为银行有这份实力，同时不想失去这块阵地。对投资人来讲，尽管同样是互联网金融，但银行推出的理财产品的安全性还是别的金融机构无法比拟的。别轻易相信诸如“银行级安全”这类商业用语，有银行级安全的机构只有银行，别的都是借势。

» 第六章　股票——人无股，不富足

1. 股票、股市与股语

股票与股票市场是非常重要的发明，最早问世于1602年的荷兰。当时，荷兰为了进行殖民掠夺，成立了荷属东印度公司，并通过发行东印度公司股票一举筹集了650万荷兰盾，其中仅阿姆斯特丹市的居民就认购了57%。分散在社会上的财富，就这样变成了荷兰殖民者对外扩张的资本。经过数十年发展，荷兰成为全球瞩目的“海上马车夫”，实现了小国崛起，垄断了80%的海上贸易。不过，东印度公司发行股票后，长期没有派发红利，他们把收益用在盖房、造船、继续打造贸易体系上，这让出钱购买了股份的荷兰民众不能忍。于是，荷兰又出现了全球第一个股票交易所，规定只要股民愿意，随时可以通过股票交易所将自己的股票变现，后来又有了专门的经纪人撮合交易。不久，解决资金拥堵问题的阿姆斯特丹银行也随之诞生。就这样，荷兰人创造出了一个涵盖股份公司、证券交易所、股民、银行、撮合人在内的全新金融体系。

自问世以来，股票及相应的融资制度已经走过了400余年的历史，在中国也将近百年。在孙中山先生的倡议与努力下，1920年中国就有了证券交易所，但之后一波三折，直到1990年年末，深圳证券交易所与上海证券交易所相继成立，中国的股票市场及相应机制才趋于完善。

当时中国政府设立证券交易所的目的很简单，那就是为国企发展与改革开辟融资渠道。随着中国经济特别是民营经济的稳步发展，中国A股逐渐发展成为国企与民企分庭抗礼的格局。1990 年 A 股市场只有 10 只股票，而截至目前已经有 3478 只，并且还在不断增加中。

荷兰人最初是在阿姆斯特丹的大桥上交易股票，英国人的第一个证券交易所诞生在咖啡馆里，纽约证券交易所诞生在一棵树下……股票与股市的成长最初完全是放任自由的，这催生了欺诈和操纵，也催生了监管制度及严密的法律，直至股票市场规范化。

股市的社会意义极大，有的学者甚至认为它是西方 400 年来最伟大的发明。但对普通人来讲，股市其实就是一个投资市场，可以使自己的财富升值。不过，股市的钱并不是那么好赚的。别的不说，单是把股市最基本的专业术语搞清楚，就得下一番功夫。下面，我们择其要点，一一罗列。

（1）开盘价：指每天开盘后最先成交的一笔交易的价格。

（2）收盘价：指每天休市前最后成交的一笔交易的价格。

（3）最高价：指当天股票成交价中最高的成交价格。

（4）最低价：指当天股票成交价中最低的成交价格。

（5）升高盘：指开盘价比前一天收盘价高。

（6）开低盘：指开盘价比前一天收盘价低。

（7）盘档：指投资者不积极买卖，多采取观望态度，使当天股价的变动幅度很小。

（8）整理：指股价经过一段急剧上涨或下跌后，开始小幅度波动，进入稳定变动阶段，这种现象称为整理，整理是下一次大变动的准备阶段，有时候整理与盘档统称为盘整。

（9）盘坚：股价缓慢上涨。

（10）盘软：股价缓慢下跌。

（11）跳空：指受强烈利多或利空消息刺激，股价开始大幅度跳动，以至于两根 K 线之间出现了缺口。

（12）回档：指股价上升过程中，因上涨过速而暂时回跌的现象。

（13）反弹：指下跌的行情中，股价有时由于下跌速度太快，受到买方支撑面暂时回升的现象。反弹后，一般会恢复下跌趋势。

（14）死多：指看好股市前景，买进股票后，如股价下跌，宁愿放上几年，不赚钱绝不脱手。

（15）抬轿子：出现利多或利空消息时，认为股价将大幅变动，跟着抢进抢出，为别人“抬了轿子”，自己却获利有限，甚至被套牢。

（16）涨停板：一只股票当天可以达到的最高限度的股价，称为涨停板，普通股票涨停幅度一般为 10%。股票涨停时，只能卖出，无法买进。

（17）跌停板：一只股票当天可以达到的最低限度的股价，称为跌停板，普通股票跌停幅度一般为 10%。股票跌停时，只能买进，无法卖出。

（18）天地板：股票先涨停，最终跌停。

（19）地天板：股票先跌停，最终涨停。

（20）洗盘：指庄家先把股价大幅杀低，回收散户恐慌抛售的股票，然后抬高股价乘机获取价差的行为。

（21）骗钱：指庄家为了牟利，利用资本优势控制股价形态，引诱散户进场或离场的行为。

（22）成交笔数：指当天各种股票交易的总次数。

（23）成交额：指当天每种股票成交的价格总额。

（24）换手率：即周转率，指在一定时间内市场中股票转手买卖的频率，是反映股票流通性强弱的指标之一。

（25）委比：衡量某一时段内买卖盘相对强度的指标，一般来讲越大越好。

（26）市盈率：指一个考察期内，股票的价格和每股收益的比例，考察期一般为1年。

（27）龙虎榜：指一个交易日内，卖出或卖入量极大的几笔交易。

（28）游资：又称热钱，或投机性短期资金，通常赚了钱就走。

（29）最后喊进价：指当天收盘后，买者欲买进的价格。

（30）最后喊出价：指当天收盘后，卖者的要价。

（31）多头：对股票后市看好，先行买进股票，等股价涨至某个价位，卖出股票赚取差价的人。

（32）空头：指趁高价卖出或者割肉离场的投资者。另外，国外股市最初是允许做空的，当时股票可以和期货、外汇一样双向交易。

（33）蓝筹股：有价值的股票，也称绩优股。

（34）白马股：指长期绩优、回报率高且有较高投资价值的股票，与蓝筹股类似。

（35）妖股：指股价走势奇特、怪异的股票，通常指其市值虚高。

（36）仙股：指价格低于1元，只能以分作为计价单位的股票，“仙”是港人对英语“cent”(分)的音译。

（37）小盘股：现阶段，国内不超3000万股流通股的股票都可视为小盘股，其特点是容易迅速炒作起来，机会较多。

（38）大盘股：现阶段，流通股在1亿股以上的都可视为大盘股。

（39）分红：上市公司实业或股价有盈利时分配给持股股东的红利，一般为现金。

（40）送转：分红方式之一，但股民得不到实际利益，只是为后继炒作提供了空间。

（41）除息：现金分红或送转股后，股票的价格会相应下挫。

（42）填息：除息后，股价从新的低位上涨至除息前的价位的过程。

（43）A 股：指中国境内的公司上市深交所或上交所后发行的，供境内机构、组织或个人（含台、港、澳投资者）以人民币认购和交易的普通股股票。

（44）H 股：在香港上市的中国大陆公司股票。

（45）ST 股：即“特别处理”的股票，通常是因为该公司财务出了状况。

（46）*ST：存在退市风险的股票。

（47）牛市：股价普遍上涨时，称为牛市。

（48）熊市：股价普遍下跌时，称为熊市。

2．庄家与散户的博弈

股市中主要有两股力量：庄家和散户。庄家不仅存在于股市中，也存在于其他金融证券市场。一般来讲，掌握大量筹码，足以影响金融证券市场行情的投资者都可称之为庄家。

庄家与散户是一个相对概念。有的散户也很有钱，也就是所谓的“牛散”，股市有句话“散户没有未来”，那么，散户究竟有没有未来呢？我们先来分析一下散户与机构的优劣，知己知彼，方能百战不殆。

首先，二者的资金量不同。

庄家是集合了众多散户资金进行投资，它们是大型企业、银行、基金公司或专业投资团队，手里握着几个亿都不好意思提。而一个散户平均下来有几十上百万元已经很了不起了，别说中产，即使是富翁，投几百万元到股市里面，压力也非常大。所以，散户与庄家相比，最大的一个劣势就是没有充足的资金。股市千骗万骗，量能不能骗人，砸钱进去它就涨，撤钱出来它便跌，这是基本道理，也是终极道理。同样，资金的多寡会决定投资结果的不同。如果我们把炒股当成一场战争，打胜仗的前提是什么？当然是兵马粮草。散户都是单兵，而且是民兵，没受过专业训练，子弹也非常有限。庄家兵强马壮，粮草充足，而且它的士兵都是专业出身，哪怕有选错的时候，死掉一次，后面还有很多粮弹精兵可供调遣。散户呢？只要死一次就大伤元气，甚至弃甲逃跑，哪里还敢恋战？所以，资金是衡量散户和机构实力的硬指标。

换言之，如果散户明白自己的资金处在劣势状态，而且是绝对的劣势，那么在进出场时机上就要慎重，要学会打游击，不能硬冲、硬拼。

其次，二者的持股时间不同。

庄家的钱大部分来自股东的共同资金，或客户的理财资金，通常有封闭期，期内任由支配，不得赎回。庄家在股市从布局到实战，需要进行充分的调研及多方面综合考量，因为它资金量大，频繁快进快出的话，手续费也是一笔沉重的负担。所以，庄家持股短则一年，长则几年，不像散户，今天进场，明天就要走人。庄家的风格是长远投资，实现利润最大化。在这一点上，散户应该向庄家学习，在条件允许的情况下适当做长线。

有人说，散户之所以散，是因为心不齐，这话说得不准确。其实散户主要是利益诉求不统一。散户中大部分人是追求快钱，见好就收，这是由散户的身份决定的，但也是通病。有句话说得好，炒股死掉的有两种人：赚小钱赔死的和渴望赚大钱不割肉套死的。快进快出看似能赚一点儿小钱，但想在股市长久生存下去，必须选定好股票并且长期持有，明明能吃肉，就不要喝点汤便满足。散户大多亏在没经验上，觉得赚这一点儿钱就不容易了，赶紧走人，落袋为安。

再次，二者持股风格不同。

庄家作为机构，有一整套理论支持，他们既能把鸡蛋放在一个篮子里，稳稳护住篮子；又可以分散投资，把鸡蛋放在不同的篮子里。总体来讲，庄家追求的是优质股票，未来预期大且有业绩支撑的龙头。哪怕目前还不是龙头，总有一天也会变成龙头，或者至少可以把它炒得很像龙头那样的股票。机构总是精心挑选，把大量精力用在研究少量股票上，从而优中选优，赚未来升值的钱。

散户大多数持有多只甚至几十只股票，哪怕他们只有为数不多的钱。因为他们只奉行一个道理，不能把鸡蛋放在一个篮子里。其实，买多只股票不等于把鸡蛋拿出了篮子，只是把原有的小篮子变成了多只股票组成的大篮子，一旦股指下挫，不管几只股票，都会一起下跌。

又次，散户感性，庄家理性。

散户入市之前是非常感性的，他们做任何投资都凭感觉。这种感觉来自很多地方：股指上涨，散户们就感到很乐观，继续等待突破更高点；如果街头巷尾人们都开始议论股票，他们就感觉按捺不住自己了；来自某些小道消息，或是其他股市里的朋友的“内部消息”，再或是所谓的股评专家的预测，都可以成为他们买入的理由。有的人疯狂买入，只是因为他想赚钱，或者赔了钱急于翻本，必须马上买入……机构则不然，任何一次投资布局，都会有专业投资人进行综合分析、调研，确保盈利最大化、风险最小化。

最后，分析层级不同。

很多散户别说分析，甚至连数据都不看，也不看基本面，信息来源基本依靠小道消息。殊不知，很多小道消息都是机构故意散布出来用来迷惑散户的。而机构是在充分研究的基础上，反复分析数据和财务报表，并且运用各种软件，经多方商议，才得出最终结果。甚至还有些居心不良的庄家，会直接串通企业及同业，一起做一只股票，但这些又怎么可能让散户知道呢？

看罢上面的文字，散户朋友们是不是感到非常沮丧呢？

其实大可不必，庄家有庄家的优势，散户有散户的办法。散户并不是绝对没有未来，庄家如果看不准，照样大亏。虽说股市是一人赚、一人平、八人亏，但不是还有一人赚吗？掌握投资技巧、修炼投资心态，那个人凭什么不可以是你我呢？

3．基本面、技术面、心理面

就股票而言，基本面是指对宏观经济、行业和公司基本情况的分析，包括上市公司基本情况和宏观经济运行态势。上市公司基本情况涵盖上市公司整体经营业绩、财务状况、盈利状况、市场占有率、经营管理体制、人才构成等各个方面。宏观经济运行态势则是不同的国家会有所不同，如美国投资者当前应该关注利率的走势（因为目前美国正处在加息周期，步伐的快慢影响着美元的走势）、贸易赤字、就业报告、资本流入、季度 GDP 等；英国应关注通货膨胀率和降息的预期；欧元区应关注欧元区经济增长率、物价指数等；日本应关注经济增长、人民币升值的预期等；中国投资者则应关注诸如“一带一路”、新能源、去产能、智能制造、“互联网 +”“双创”等方面的信息，其中最主要、最好的信息渠道就是 CCTV。此外，如果我们操作的是黄金、原油、外汇等方面的企业股票，还应时刻关注全球的相关信息，包括石油价格问题、台海局势、朝核问题、美俄关系等。

在基本面分析中，最让人困惑的一点，往往是就算我们能及时掌握到第一手信息，却常常不知道它会在多大程度上影响股价。有些信息看似很重要，但造成的实质影响可能小到忽略不计；有些信息看似无足轻重，却又往往产生大的行情。对此，谁也没有好的办法，只能通过不断地积累、不断地试炼，才能掌握到其中的密码。

与基本面分析派分庭抗礼的是技术面分析派。他们分析的侧重点与价值派恰恰相反，即通过裸 K、均线、MACD（异同移动平均钱）、布林、江恩、波浪、黄金分割等各项技术指标，分析判断未来的市场行情或个股走势，而不太关心股票本身的内在价值和价格。所谓"用什么指标就信什么指标"，一旦指标告诉技术派投资者行情未来会有一波上涨，即使当时股价已经很高，他们依然会照投不误，而价值派此时一般已退避三舍；同理，当指标告诉技术派投资者市场未来会继续下跌，即使股票价格已远低于其实质价值，他们依然会选择赎回卖出。

技术派的核心要点无非就是四个字——顺势而为，简单来讲就是跟着人群走。我们知道，除庄家外，股价上涨通常是因为有看涨的股民和机构推动；股价下跌，则是因为有大批股民或机构看空。股市是真正的适用钱多力量大的场所，谁钱多，谁就能在其资金所能影响的范围内影响价格走势。对于没有大量资金的散户来讲，一来胳膊拧不过大腿，二来钱再多也不可能与行情相抗，所以技术派能够存在有其不可动摇的道理。反过来讲，尽管庄家有资本优势，但有的时候民意不可违，大家都跑他不跑，也是要亏钱的。这恰如有着"技术分析之父"的理查德·沙贝克所说："市场永远是对的。对于个人而言，唯有顺势而为这一条正确的道路可行，只有这样，才会减少损失乃至于获利。"

技术分析的抓手是历史。谁也无法确切地预测未来，看多了所谓的分析家之言，你会对"事后诸葛亮，事前猪一样"这句话深表赞同。但历史会提醒人们，也警醒人们，因为它明明白白、或高或低地记录在 K 线图上，如重要的压力位与支撑位。当然，支撑位与压力位并不一定有效，有时候庄家会故意稍稍突破支撑位或跌破压力位，诱惑你或者制造恐慌。这种假突破或假跌破，谁也无法准确预测，唯有静静观望，等待进一步的信号。

综合分析，基本面分析派无须觉得自己高大上，技术分析派也不必觉得低人一等，二者应该是相辅相成、相得益彰。基本面分析的是根基，但如果没有技术分析做功底，时间成本偏高；技术面分析做得好，固然能赚取收益，但无法确定一年甚至两年以上的长期投资。真正的高手，都是全能冠军。以巴菲特为例，他基本不看技术分析，但他得感谢美国股市的特点——慢长牛、快短熊。换言之，只要他能看到一波上涨的行情，基本上行情就会不断慢热下去。目前来讲，美国的牛市已经走了整整十年，所以从一定程度上来讲，正是美国股市这个特点，造就了一批股神。

那么，如果按照百分比来划分，技术分析和基本面分析各自在投资过程中的重要性，二者分别占比多少呢？通常，技术面分析会占到 20%，基本面分析会占到 30%。那剩下的 50% 是什么呢？是心理面。换言之，即使你技术分析做得好，充其量也只有 20% 的赢面；基本面分析做得好，再加 10 分，也不过 30% 的胜率。重中之重其实是心理。

心理面可分为两方面：一是大众的心理。可以说，每一根 K 线的背后，都有一个关于大众对股票看法的故事。因为大众那么想，并且那样去做了，所以股价才会波动。而大众的心理，除非超强庄家与政府层面，才有能力去影响或引导。作为散户，只能是在关注的基础上顺势而为。二是个人心理层面。是指投资者要学会并且必须学会控制自己的情绪，切忌让一时的情绪波动影响自己的判断和操作。具体而言，即便是要割肉，也要割在最高点，不能简单平仓了事。

当然，看事容易做事难。控制内心，这可是圣人才能达到的境界。因为控制不住自己的内心，在应该离场时，偏偏选择长驻；该让子弹飞一会儿的时候，偏偏想见好就收。心态不好，往往是亏大钱、赚小钱，亏了固然令人痛苦，赚了也让人懊恼。

至于怎么做到适时离场或适时进场，事实上并没有老师能教。有些痛必须要自己去亲历，才有深刻体会。仅凭别人说说，关键时刻是不顶用的。每个投资者只能通过亲身实践，在投资市场反复摸爬滚打，时间久了，才会有所改善。但很多人的悲哀在于，通过一番修炼，好不容易能控制自己的内心了，子弹却已经打光了。所以，控制自己的钱袋也是控制自己内心的一部分。残酷点讲，初学者多少都带点儿交学费的性质，所以谨记轻仓。

4．克服人性的恐惧与贪婪

有句话说，所有的经济学、金融学理论都建立在一个假设的基础上——人性是贪婪的。的确，如果这个假设不成立，每个人都能完美控制自己，庄家就休想宰割我们。当然，如果我们不贪婪的话，或许根本就不会进入股市。那么，既然已经进场了，就有必要好好讨论一番。

巴菲特的告诫言犹在耳："投资成功只需要稳健的方法及坚定的意志，并且坚持长期及分散投资，只可惜许多人的恐惧与贪婪屏蔽掉了最单纯但有效的方法和理智。"牛熊交替是再正常不过的事情。无论是只有几十年历史的中国股市，还是已有几百年历史的欧美股市，所谓的股灾都只是插曲。股票市场没有永远的牛市，也没有永远的熊市。行情总是在绝望中诞生，在半信半疑中成长，在憧憬中成熟，在充满希望中破灭。为什么？因为大部分投资人总是追涨杀跌，克服不了人性中的恐惧与贪婪。

先说恐惧。就投资而言，恐惧是人对自身财产受到无法抗拒的侵害时的一种本能心理反应。人在这种情况下，通常会产生一种本能的自我保护和抗拒意识，所以，在亏损时我们总会为自己的错误找借口，而不是勇敢地止损。我们恐惧亏钱，所以自我保护意识会阻止我们止损。我们恐惧到手的盈利减少或转为亏损，所以自我保护意识又指使我们赚点小钱就平仓、赎回，导致经常性的亏大赢小。

未来让人恐惧，历史也让人恐惧。

洛威·普莱斯，这位美国20世纪最有影响力的股票作手，逢1929年的股灾，最终也是狼狈收场。股灾前，他拥有1300万美元的庞大资产；股灾后，账户余额仅剩11.07美元！

牛顿，这位大科学家还曾担任过英国皇家造币厂厂长。但在1720年，因为购买南海股票，赶上泡沫破裂，亏损高达2万英镑，这可是他整整10年的薪水。为此他自嘲道："我会计算星辰的运行，却不会计算人们的疯狂。"

然而，牛顿不能赚钱并不意味着你也不能赚钱。周期循环是非常正常的事情，涨多了跌，跌多了自然也会涨。李嘉诚曾说过，大街上血流成河的时候，才是投资的最好时机。历史也反复证明，不管跌得多惨，股市终究会复苏。

这一点，人们其实心知肚明。但国际知名基金管理人史都华·亚德寂夫说得好："即使我们全部的分析师都投入，不断地进行研究，也不可能聪明到精确地算出市场底线。因为你要的是在最惨的时机买入。"所以，投资不仅是智者的舞台，更是勇者的天下。在相对的底部，只要给出了明确反转信号，投资者就应该克服自己的恐惧心理，试着轻仓出击。

再来说贪婪。贪婪是人为改变当前物质和精神条件的一种过度追求。在投资市场的极端表现是投资者总想一夜暴富。被这种心态控制的投资者往往会在入场时孤注一掷，因为他觉得机不可失，时不再来，害怕错过每一次赚钱的机会，于是频繁操作。他们平时智商可能高达130，但这时智商大概只有65。

美国期货界大师萨卜博士认为，影响投资者的心理并且最终导致人们有所斩获或者损失惨重的，不仅包括恐惧与贪婪，还包括希望。恐惧使人失去机会，贪婪使人陷入险境而不自知，希望使人理智泯灭。这其实就是将贪婪细分为了贪婪与希望两个级别。所谓希望，就是想当然，指人们期待某种事物能够按照自己的意志在将来出现的心理活动。满脑子希望的人总是放大与自己希望相符的信息，同时经常缩小以至忽略市场的反向状况。在投资心理学中，第一宗罪就是过度自信。即便强势如索罗斯，也不能指望价格始终按其希望运行，因为市场只走自己的路。

技术分析学派有一个支流叫“反向指标法”，即以大多数人的一致决策作为市场的反向指标。因为在股市中，赚钱的总是少数，那就意味着大多数人都是错误的。这一点，我曾经亲历过：

2015 年春末，一个乡下的亲戚突然打电话给我说想买基金，问我能不能帮着买？我很好奇地问他：“你知道什么是基金？”亲戚老实回答：“不知道，就知道基金赚钱。”放下电话，我开始考虑，市场是不是太热了？不久，我抛空了手中股票，做空股指期货，结果躲过了股灾，还顺势赚了一笔钱。

跟大家讲这个例子，是想说现实生活中不会总有人提醒我们该怎么做。每个人在投资的过程中，都必须有意识地加强自我控制，别指望自己手中的股票能涨到天上。

人性中的贪婪和恐惧时刻影响着我们。很多时候，我们明明知道自己应该做什么事，但这些心理常常指使我们做不应该做的事。江山易改，本性难移，要想完全克服这些人性中的弱点很困难，需要很长一段时间的坚持。通常，市场上的失败者所共同拥有的行为和心理现象，就是伴随时刻的、高度的压迫感所形成的内在人格冲突，也就是恐惧与贪婪的冲突。回首自己走过的历程，我发现其实炒股、炒汇、炒期货、炒基金等，都是要炒掉人性的弱点。在不断成功的同时，你会发现，原来在不知不觉中，我们已经把自己的人生境界“炒”到了一个新的高度。

当然，这需要时间，甚至需要真金白银地去实战，指望在短时间内就达到某种高度是不现实的。在无法完全掌控自己的情况下，只需明白，保守总好过狂放。可以多质问自己：难道我在这个价位入场一点儿错误也没有吗？如果有，我不妨再观望一番，至少也要做到轻仓；在盈利的时候，也不妨问问自己：同样是这个位置，我愿意在这个价位建仓吗？如果不，那我是时候离场了……

5．心急火燎，越炒越少

炒股的人千千万，赚钱的人万万一。谈起A股，股民总是怨声载道。有人放言道：中国股市，散户不可能赚到钱！

其实，任何事都遵循二八定律，股市则表现更加极端一些，赚钱的人可能十不及一。但毕竟有人赚到钱了，所以这种赌气的话还是少说。其实，反过来想，如果让十之八九的人都赚钱，那么该让谁去亏钱，钱又从哪儿出呢？

“股市有风险，投资需谨慎。”这是入市前就知道，也是我们开户时必须被明确告知的。但我们真的在意了吗？中国有句俗话，叫心急吃不了热豆腐，炒股更不能操之过急。这是一个高风险、高收益的投资渠道，但很多人往往只看到了“高收益”三个字，所以不想错过任何一个赚钱的机会，希望T+0，希望股市24小时开放，让自己赚钱赚到夜以继日、数钱数到手脚抽筋。然而，期货倒是T+0模式，汇市倒是24小时皆开放，但从南京到北京，再到东京、伦敦和纽约，赚钱的都一样少！

赚钱心切，一买就跌；心急火燎，越炒越少！这是当前广大股民的普遍状况，以后依然也会是，因为人性的弱点难以克服。尽管很多人讲起股票来头头是道，但往深层次里追问，大多数人都得承认，他们就是来碰运气的，谈不上任何交易计划和操作技巧可言。既然如此，为何不先练练基本功？哪怕等自己有了基本的认知再进场也好。难道再学习一段时间股市就没有赚钱的机会了吗？不要担心股市没有赚钱的机会，不要担心钱会跑掉，只要你有能力，这个市场里的钱随时都是你的，否则就算是急死了也只是去给股市送钱。

股市的“炒”字其实很有说法。左边一个“火”字，右边一个“少”字，意思是一旦你着急上火，钱就会变少。我也曾在股市里摸爬滚打，并且现在也还在里面，所以知道其中的利害。刚入股市时，抱着发大财、发快财的想法，整天盯着涨停板，把每天涨幅前20名的股票放到自选池中，时时跟踪；也追过开盘后前10分钟的涨停板的股票以及各种妖股。这样操作了一段时间，发现办法虽然有效，但总体还是亏钱。归纳起来，最主要的原因就是心急，见到拉升的股票就追，认为它还能往上蹿；见着强势股就持有，认为它会永远强势……后来慢慢有了进步，开始研究各种股票的形态、个性、走势、内因外因，分析大盘，研究庄家，简直称得上是废寝忘食。即便是这样钻研，心急了也照样亏钱。因为越是这样，你就越是执着，越是没有耐心，给那些原本还不错的股票一点成长的时间。

当一只股票在低位时，就算你进入的点位和时机都很对，没耐心也依旧不行。有时它拉出个长阳，你稍赚一点点就出来，掉头去追另一只心仪的股票。如果另一只也迅速拉升了，你马上又小赚走人；如果它不涨，反复横盘，你也耐不住性子走了。这时，回头发现原先那只股票，已经拉高了很多。你就会认为还是这只好，于是忍了半天没忍住，高位追了进去，结果它不涨反跌，让你左右“挨耳光”。好吧，你勉强拿出了一点耐心，在底部专心持股。可当相应的股票从底部拉起一小段，你小有收获时，你开始害怕会保不住利润，于是你又出来了，结果它马上给你“好看”，一飞冲天，创了新高。当你接受教训，再次买入新股后，死死捂住不放，可它就又不争气了。拉拉跌跌，跌跌拉拉，每天让你喜中有忧、忧中有喜，把你的心都震碎了，于是经受不住洗盘，最后还是选择出来了……最后，你以为这个股市谁也无法赚到钱，产生了彻底的无力感。这时忽然发现一个比你笨的人居然赚到了钱，而他的办法看起来压根儿就不是办法：买完了就等它涨，然后该干吗还干吗。

所以，炒股不能急，不能由着自己的欲望任性炒股。大盘和个股都有自己的运行规律，我们应认识它们的规律和特点，并与之相适应。只有认识了它们的“势”，顺着它们的“势”走，才能顺势赚钱。而对“势”的认识，对其运动中的波动把握，是需要技术和看盘功底的。当你的水平还达不到时，只能挣你能把握住机会的小钱，否则就要造成损失。所以，还是先学会走，再学会跑，先挣点慢钱，再学着挣快钱。快手和高手，都是在慢手和笨手的基础上练出来的。

投资不可急功近利，这不是什么学问，但又是终极学问。每个人都要端正心态，如果想一夜暴富，瞬间成功，那就是赌徒心态，直接去赌馆好了，但我们从没见哪个赌徒能笑到最后的。综观 A 股投资史，会发现一个现象：长线投资者寥寥，但赌消息、赌重组、控盘狂拉等短期投机成风。为什么？道理很简单，庄家也好，散户也罢，普遍存在着过把瘾就死的疯狂心理。很多人嘴上说要学巴菲特，但其实暗地里都佩服徐翔，没人去潜心研究基本面，最喜闻乐见的是一字断魂刀，追涨杀跌，不亦乐乎。

炒股首先是炒心态，其次才是炒技术、炒资本。能够把心态练好，在炒股时，当盈则盈，当止则止，该入市就入市，不适合的时候就坚决不进场，做到不懂就学，学完就试，永远不冒险，不赌身家性命。那么，我相信每个人都可以在股海里拿到自己想要的东西。

» 第七章　外汇——最大市场、最大梦想

1. 外汇、汇率与外汇市场

外汇，指人们为了某种需求，将一种货币兑换成另一种货币。例如，将人民币兑换成美元、日元兑换成英镑、欧元兑换成人民币等。而汇率是指一国货币与另一国货币的比率或比价，或者说是用一国货币表示的另一国货币的价格。汇率是各国政府非常重要的财政工具，同时也直接反映了一国经济的强劲与否，各国央行、商业银行、企业以及个人投资者也都会基于储备、对冲、保值、投资、投机等意义进行外汇交易，这一系列行为构成了一个庞大的外汇市场。

与其他金融市场不同，外汇市场没有具体地点，也没有中央交易所，而是通过银行、企业和个人间的电子网络进行交易。由于全球金融业日益发达，几乎所有国家的交易平台上都会有外汇交易品种，再加上时差，外汇市场几乎 24 小时不停。从凌晨 4 点多在新西兰开盘，然后到澳大利亚、日本、中国大陆与中国香港、新加坡，再到德国、法国与英国，然后是美国，外汇投资者可以根据自己的时间段随时进出。另外，由于一些国家不过礼拜日，在周六日也会有外汇交易，所以这个市场堪称真正的 7×24 小时不间断。

另外，外汇交易与其他金融交易不同，它是买入货币对，指在买入一种货币的同时卖出另外一种货币，例如，你买的是“美加”多单，便意味着你是在买入美元的同时卖出加元。世界上比较主要的，同时也很受投资交易者欢迎的货币对包括美日、美加、欧美、镑美、镑日等。

外汇交易通常是杠杆交易，由于中国政府目前尚未放开外汇交易，因此国内的平台均为舶来品，即外国平台在国内开的分公司，通常打着高杠杆、高收益的旗号来吸引客户。然而，高杠杆就意味着高风险。有些平台甚至使出了“送金”的伎俩，投资者一定要慎重，世上有白送钱的事吗？而且，中国政府尚未放开外汇交易。所以，在这里建议大家不要随意去碰那些鱼龙混杂的交易平台，中国各大银行都开通了相应的业务，只是门槛较高。资金暂时不足的朋友，可以再等等，政府迟早会放开外汇交易，并严加监管，为我们保驾护航。

当然，对于已经进场的朋友来说，如何在这个鱼龙混杂的市场，辨别一个外汇平台的真假，才是他们的当务之急。如果只是亏在了自己的技术上，多少还能长些教训，总结些经验。但如果一开始就是骗你没商量，技术再好又如何？只有资金安全、出金痛快、交易顺畅、不滑点、收费低的平台才是好平台，其中又以资金安全和出金痛快为要点。

判断一个外汇交易平台是否正规，一般可从以下几方面入手。

一是看监管机构。

判断是否有监管机构，是正规外汇交易平台比较明显的标志。通常情况下，正规外汇交易平台都有权威监管机构进行监管。投资者最好自己到监管平台确认监管号是否属实。当然，也要查询监管机构是否足够权威。一般受 FSA（Financial Service Authority，英国金融服务管理局）监管和 ASIC（澳大利亚金融监管理事会）监管的平台比较稳妥，当然双重监管更好，但也绝不代表万无一失。

二是看口碑。

很多投资者在选择平台前，都会上网搜索一下相关的评论和口碑。虽然由于网上的言论自由可能导致很多信息并不完全准确，也不可否认会有商家聘用水军进行刷评价，但对于新手投资者来讲，网上的口碑也是新手对平台进行初步了解的一大重要渠道。通常，当有人对某平台给出恶评而且非常具体时，我们就要小心了。

三是看投资品种与投资者人数。

如果一个平台有稳定且不断增加的人群，合法经营就能赚取不菲的佣金，又何苦去骗人？另外，平台人数稳定且不断增加，本身就证明平台口碑不错。当然，除了稳定运行、诚实无欺、服务周到之外，好的平台还要有丰富的投资品种，除外汇外，一般还要有黄金、白银、石油及美元指数等品种。

四是体验操作软件。

在注资操作前，投资者可以先注册模拟交易账户进行交易，模拟账号中会有虚拟交易资金，可以在操作过程中观察 MT4 软件（市场行情接收软件）的稳定性。正规的平台使用的肯定是正规的 MT4 软件，盗版的 MT4 软件会出现滑点、报价不一致等缺陷，这点在使用中可以发现。另外，在正式入金后，哪怕刚开始交易不顺利，也要及早试试平台出金是否畅通。如果有了收益，更要记得早点归仓。鉴于外汇交易在国内主要还处于一种灰色地带，所以，我们不建议投资者拿大笔资金去做外汇。但由于外汇的高杠杆性，投资者只要投资一定的金额，且技术纯熟，也会有不错的收益。

2. K线、均线、趋势线

做投资不懂K线，相当于闭着眼睛打鸟。特别是外汇交易，基本上没有庄家，大家都是紧跟大势。而所谓大势，纤毫毕露地体现在K线图上。

为什么称其为“K线”，而不是A线、B线或者C线？

实际上，在K线的诞生地日本，“K”并不是写成“K”，而是写作“罫”（日本音读kei），K线是“罫线”的读音，K线图称为“罫线”，后来，西方人将其直译为“K”线，此后便沿袭下来。

K线，简单而言就是指价格走过的曲线。起源于幕府时期的日本米商，当时主要用来记录米市的行情与价格波动，后被引入到股市、期市、汇市乃至邮币市场，称得上全球通用。由于用这种方法绘制出来的图表形状颇似一根根蜡烛，加上这些蜡烛有黑白之分（在电子盘中为明显区分分别用红线两色表示），因此也叫“阴阳蜡烛图”（一般简称“蜡烛图”）。通过K线图能够把每日或某一周期的市况表现完全记录下来，并从一根根蜡烛的不同，以及不同形状蜡烛组合在一起的形态，摸索出一些规律并具体运用。

如图3所示，我们可以在一根K线上清清楚楚地看到开盘价、收盘价、当日最高价、当日最低价以及价格的波动幅度、未来趋势等。

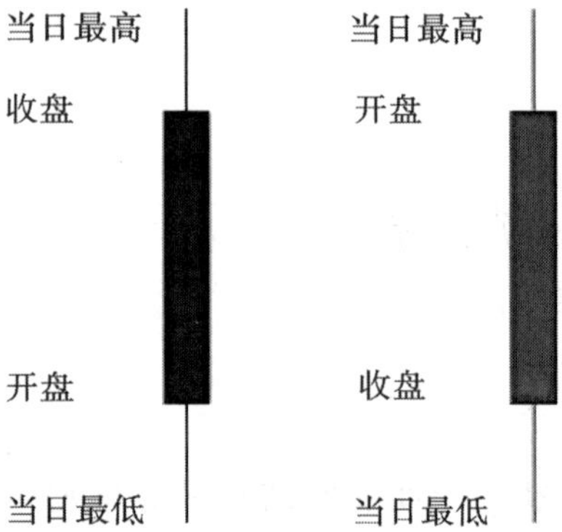

图 3　K 线上显示的价格信息

K 线是特殊的市场语言，不同形态有不同含义，下文选取一日 K 线的一些主要形态及其组合，并对其要义做一个基本介绍，如表 2 所示。

表 2　一日 K 线的主要形态及其组合要义

名称	含　义
大阳线（长红）	开盘价接近于全日的最低价，随后价格一路上扬至最高价处收盘，表示市场买方踊跃，涨势未尽，可考虑进场，已进场者应继续持有
大阴线（长绿）	开盘价接近于全日的最高价，随后价格一路下滑至最低价收盘，表示市场跌势明显，特别是出现在高价区域，更加危险，对已盈利者来讲是获利离场的信号
下影阳线	价格一度大幅下滑，但受到买盘势力支持，价格又回升向上，收盘在最高价处，属强势形态
下影阴线	价格一度大幅下滑后但受到买盘势力支持，价格回升向上，虽然收盘价仍然低于开盘价，也可视为强势。但在高价区出现时，说明价格有回调要求，应注意卖出
上影阳线	价格冲高回落，涨势受阻，虽然收盘价仍高于开盘价，但上方有阻力，可视为弱势
上影阴线	价格冲高受阻，涨势受阻，收盘价低于开盘价，上方有阻力，可视为弱势
十字星	买卖双方势均力敌，走势平稳；但在强势市中，十字星往往成为市场强弱转换的交叉点，后市可能变化，应严密观望，可离场不可进场
下十字线	开盘后价格大幅下滑，但在低位处获得支撑，下方买盘积极主动，最终在最高价附近收盘，属强势。当长下影线出现在低价区时，常常是重要的反转信号

续表

名称	含　义
倒十字线	价格冲高后在高位处遇到强大阻力，最终被迫在开盘价附近收盘。虽有上攻愿望，但市场有修整要求，弱势。当倒十字线出现在高价区时，常常是重要的变盘信号
一字线	也称四价合一K线，它反映市场成交清淡，后市难有大的变化；但如果出现在涨停（跌停）处，表明买卖双方力量悬殊太大，后市方向明确，短期难以逆转
小阳星	股价波动很小，开盘价与收盘价极其接近，收盘价略高于开盘价。小阳星出现，表明行情正处于混乱不明的阶段，后市的涨跌无法预测，此时要根据其前期K线组合的形状以及当时所处的价位区域综合判断
小阴星	小阴星与小阳星相似，只是收盘价格略低于开盘价格，表明行情疲软，发展方向不明
小阳线	其波动范围较小阳星增大，多头稍占上风，但上攻乏力，表明行情发展扑朔迷离
小阴线	其与小阳线的关系恰如小阴星与小阳星的关系，对做多的投资者来讲，小阴星也好，小阴线也罢，都是不好的信号，此时需区别它们是回调还是下跌，前者可继续持有，后者宜获利离场
锤子线	因其形状像一把锤子而得名，也称上吊线，表现为开盘后先下跌随后上扬，锤子线出现时后市会有哪怕只是一小波的上扬，上升趋势中的锤子线更是如此
流星线	也称倒置锤头，表现为开盘后先显著上扬，但随后下跌，虽不预示后市一定下跌，但也表明向受到较大压力，可作为判断市场方向调整甚至转折的信号

以上形态皆为一日 K 线形态，此外还有二日 K 线、三日 K 线及多日 K 线组合形态，我们依然选取最主要的形态作简单介绍，如表 3 所示。

表 3　二日 K 线、三日 K 线及多日 K 线组合形态的主要形态及其要义

名称	含　义
启明星	标准的启明星是一根稍长的阴线加一个十字星再一个稍长的阳线，如果在低位，一般预示着价格将反转，是买进信号
黄昏星	其标准形态与启明星恰恰相反，是一根稍长的阳线加一个十字星和一个稍长的阴线，如果在高位，一般预示着见顶且反转，是卖出信号
三连阳	连续三日出现上涨，但涨幅均不大，在底部是反转信号，在中间是加油信号，可积极买入。需要注意的是，如果三根阳线均较长，反倒不如三根小阳线，因为上涨空间有限，已上涨太多，后市已不值得期待

续表

名称	含　义
三连阴	也叫三只乌鸦，顾名思义，是凶兆，无论是在顶部还是在中盘抑或底部，都是卖出的信号

接下来谈谈均线。

均线是最普遍的工具，其全称为“移动平均线”，就是将每天的收盘价经算术平均或加权平均，得出一条带有趋势性的轨迹，用以股市判断。单纯的K线意义不大，对裸K派（即不看成交量、指标、基本面，因为一切都包含在K线里了）来讲还不如没有。人们一般会运用K线组合，最常用的是5日K线和20日K线组合。5日K线称快线，20日K线称慢线，当快线从下方向上穿越慢线，谓之金叉，是上涨的信号；当快线从上方向下穿过慢线，谓之死叉，是卖出的信号。快线看似要穿越慢线但不穿越或者乍合又分，称为拒绝金叉和拒绝死叉，分别是更强的上涨与下跌信号。快线与慢线反复重合甚至黏合在一起，称为钝化，是观望的信号，如图4所示。

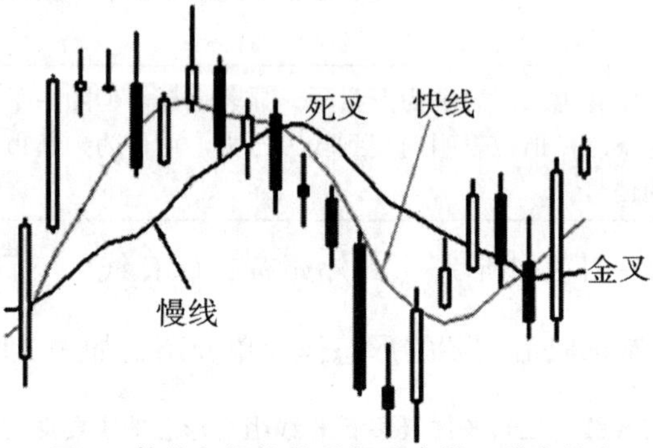

图4　快线与慢线的反复重合甚至黏合状态

使用K线组合的好处在于，如果严格执行，金叉进、死叉出，至少会有70%的胜率。因为很多初学者和老手都用这个指标，人多势众，进场一起进，出场一起出，准确率及安全性都很高。

使用K线组合的缺陷在于，具有一定的滞后性，完全依据金叉进场，已经错过了一小波利润；完全依据死叉出场，也会因之损失一部分收益。

最后，了解一下趋势线。

趋势线有两种：上行趋势线和下行趋势线。此外，还有震荡趋势，也称盘整，即K线上也上不去，下也下不来，长期在有限的幅度内波动。对新手来说，震荡区间尽量不要进场，已进场须密切关注，因为其价格一旦突破，就会有一大波行情。

对做多者来说，上行趋势线无疑是进场的好时机，除非价格已上行至顶部。下行趋势线除了是离场的信号外，也是逢低做高的契机，同时还是做空者的机会。总之，具体情况具体分析，没有一定之规。

无论是上行趋势，还是下行趋势，都可以在盘面上非常直观地呈现，但老手们还是都会画上一条线，也就是趋势线。之所以如此，是趋势线不仅会让趋势看上去更明朗，同时还具备支撑位和压力位的作用。如在上行趋势中，只要价格不下破趋势线，就可视作回调，应坚定持有，回调过后往往会有进一步的跃升；如果是下行趋势，只要价格不上破趋势线，就说明趋势线对价格还有压制作用，还不是进场的好时机，如图5所示。

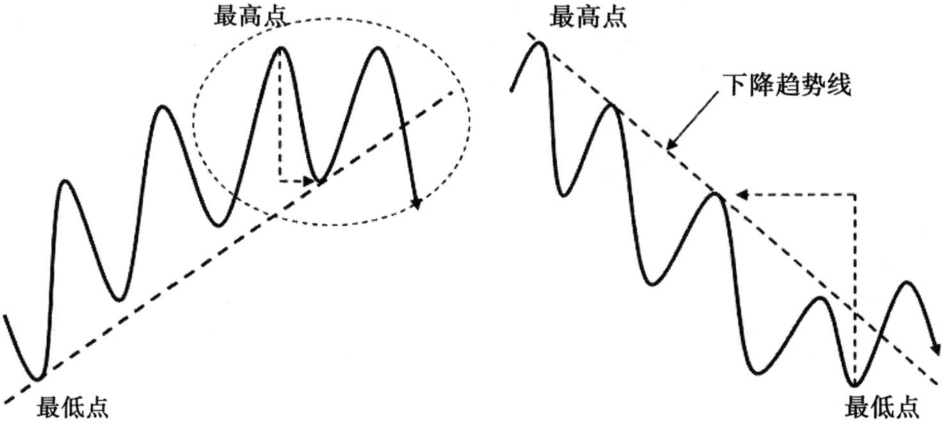

图5　趋势线

如图 5 所示，上行趋势线应画在 K 线下方，用趋势线工具连接一段上行趋势的最低点和次低点，再加上它们的延长线，即为上行趋势线；下行趋势线应画在 K 线上方，用趋势线工具连接一段下行趋势的最高点和次高点，再加上它们的延长线，即为下行趋势线。

投资者可以不画趋势线，但必须牢记，趋势不可抗，也不可抢。抗趋势，是逆势，即使是价值投资，也不是最好的节点；若不是价值投资，纯粹就是跟自己的资金过不去。抢趋势，但趋势有可能反转，一个假信号，可能会让你损失惨重。

3．止赢、止损与支撑压力位

2015年股灾期间，有个朋友听从我的建议，从股市转向汇市。一开始他很不适应，总怕自己爆仓。我记得第一天，他居然问我："买了2万元的外汇，一波行情下来亏了180元，有点Hold不住了，是不是应该赎回？"我当时就笑了：180元就吓怕了，还做什么投资？

事实上，这样的新手不在少数，见到阳线就兴奋得不行，看到一点回调就迟疑要不要抛；行情上涨，他想加码，你告诉他这时候加码不如下跌时加码好，他怀疑你，认为你耽误了他赚钱；行情下跌，正是加码的时候，他却表示想退了，割点肉就算了，以后再也不相信投资市场了……

虽然我理解大家的心情，也理解市场的残酷性，但我还是要说，做投资，想盈利，必须能Hold住。行情正在上行时，没必要跑，要让利润飞一会儿，该止赢时再止赢；行情不妙时，也不要拔腿走人，要紧盯行情，判断是不是有反转的可能。如果反转，继续持有；如果继续变坏，特别是跌破支撑位，或冲破压力位时，再割肉不迟。

止盈与止损是非常重要的投资工具，也可称之为投资理念。无论做什么投资，首先要树立一个正确的盈亏概念。投资非盈即亏。所谓止损，就是设置你能接受的最大亏损限度，在股票、外汇等电子交易盘上，一般将止损位设在支撑位下，因为支撑位对价格有支撑作用，一旦突破，多半会有更大的跌势。所谓止盈，是指我们入场做一单交易时想达到的收益上限。有些人不设止盈，希望多多益善，从人性的角度来讲，这是贪婪。有些人不设止损，这是没有恐惧意识，比恐惧更可怕，遇到大的下跌趋势，可能会全盘皆空。不设止损和不设止盈，都是赌，绝不提倡。

有些从业者为了销售业绩，会告诉投资者进行长线操作，投的时间越长，收益越高。这至少是一种不严谨的宣传。如果刚好遇到大熊市，或者市场一蹶不振，而又不采取其他措施的话，会使本金或收益大幅缩水，甚至产生巨额亏损。反过来讲，即便遇到了大牛市，但如果没有及时守住战果，牛市与你又有多大关系？

那么，如何把握相应的时机与K线节点呢？

除了重要的消息面，在发生了如战争、政治危机、自然灾害等会引发投资市场动荡的事件时，最主要的就是看支撑位与压力位。前文已屡次提及支撑位与压力位，这里有必要详细解读一下。

首先，要明确一点，任何投资市场都不存在所谓的压力位与支撑位，相应的位置都是投资者想象出来的。想象基于现实，例如，当一只股票近期曾经出现过某一高点时，人们就会把这个高点想象成价格压力位，认为当价格达到相应高度时会面对无形压力，如果无法突破，就相继抛出，结果因为大家都这样想、这样抛，价格也当真跌了下来；反之，如果价格向上突破了前方高点，大家就会认为多方过于强势，击穿了压力位，这时压力位就会变为支撑位，也就是当它不跌破前方高点时，人们都会认为它是相应的低点。除非跌破，否则绝对不抛。当然，有些赢利或亏损的投资者还会把相应的点位看作止盈、止损或加仓、减仓的分水岭。

看完图6和图7，我们会更加一目了然。

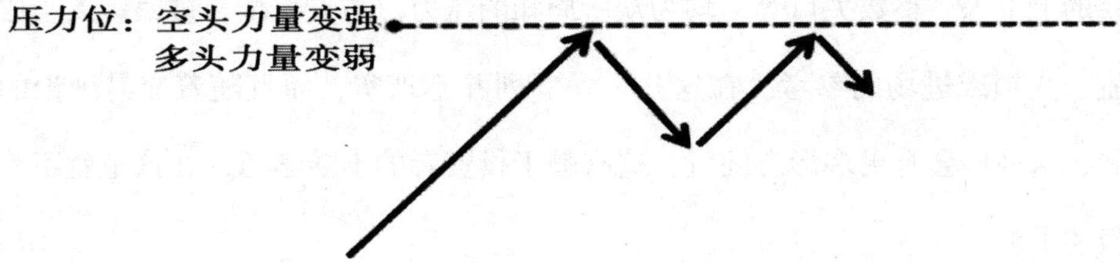

图 6　压力位

所谓支撑位，就是指当价格达到某一水平位置时，似乎产生了一条对价格起到支撑作用、影响价格继续下跌的抵抗线，我们称之为支撑线或支撑位，如图 7 所示。

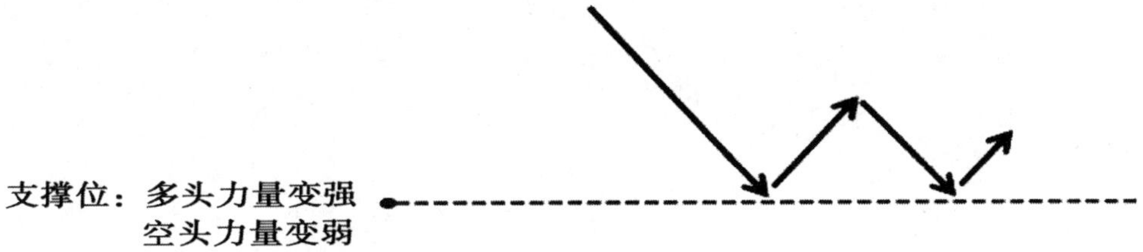

图 7　支撑位

以上表现的仅仅是支撑位与压力位的理想形态，有时候价格的走势并不完全标准，但只要偏离的不是很多，也是适用的。此外，每一段走势的高点和低点也可以视作压力位和支撑位，价格上破或下破后，压力位或支撑位马上也就完成了相应的反转。所以，在不断变幻的市场，既无永远的压力位，也无永远的支撑位。是压力，还是支撑，取决于你的进场点，取决于未来的走势。

如上所述，压力位与支撑位很大程度上是一种心理共识，所以除了上面提到的标准压力位与支撑位形态，每一段平台整理、每一个密集交易区、每一条均线、每一个跳空缺口、大阴线与大阳线的二分之一与三分之一处、趋势线的上下缘、整数关口等，均为众所周知的压力位与支撑位，被很多人当成止盈、止损或进场的参考。在这儿一一罗列并不现实，而且随着交易理论的发展，未来还会有更多形态问世，这有赖于投资者的不断学习，在这里就不一一赘述了。

4．外汇投资的三重境界

这一节内容以外汇交易为主，但又不限于外汇。事实上，我们讲到的很多投资法则，适用于所有带K线的东西，下面讲到的外汇投资的三重境界，同样也适用于股票、期货等。

熟谙中国传统文化的人，大抵都知道几个“三境界”。例如，禅宗高僧青原行思的“参禅三境界”、画家丰子恺的“人生三境界”、著名学者王国维的“治学三境界”等。我们择其要点，点到为止。

所谓“参禅三境界”，是青原行思认为参禅有三重境界：参禅之初，看山是山，看水是水；禅有悟时，看山不是山，看水不是水；禅中彻悟，看山仍然是山，看水仍然是水。后世认为，这三种境界不仅适用于参禅，也同样印证了人的一生由青涩到成熟，最终至圆融通透的过程。

所谓“人生三境界”，是丰子恺认为人的生活可以分为三层：一是物质生活；二是精神生活；三是灵魂生活。物质生活就是衣食，精神生活就是学术文艺，灵魂生活就是宗教。在人的一生中，大多数人都活在第一层，懒得爬楼梯或无力上楼，即全部心思都致力于物质生活，如能锦衣肉食、尊荣富贵、孝子慈孙等就满足了。愿意或有能力爬楼梯的，会爬上二楼去玩玩，抑或久居其间。这种人通常是专心学术文艺的人，即所谓知识分子、学者、艺术家等。还有一种人，人生信念很强，脚力也很大，对二楼不满足，就再往上爬，爬上三楼。这大概就是宗教徒或有某种信仰的人了。他们做人很认真，满足了物质欲、精神欲还不够，还想要去探求人生的究竟。他们不肯做本能的奴隶，追究灵魂的来源、宇宙的根本。谁是这样的人呢？丰子恺举出一个人——他的老师弘一大师。

所谓“治学三境界”，是王国维认为，古往今来，成大事业、大学问者，必经三种境界。“昨夜西风凋碧树。独上高楼，望尽天涯路。”这是第一重；“衣带渐宽终不悔，为伊消得人憔悴。”此为第二重；“众里寻他千百度，蓦然回首，那人却在灯火阑珊处。”这是第三重境界。它们都是宋词中的名句，第一重出自晏殊的《蝶恋花》，王国维将其引申为做大学问、成大事业者，首先要有执着的追求，登高望远，瞰察路径，明确目标与方向，了解事物的概貌。第二重引自柳永的《蝶恋花》，王国维以此两句来比喻成大事业、大学问者，不是轻而易举、随便可得的，必须坚定不移，经过一番辛勤劳动、废寝忘食、孜孜以求，直至人瘦带宽也不后悔。第三重引自辛弃疾的《青玉案》，意为做学问、成大事业者，要达到第三境界，必须有专注的精神，反复追寻、研究，下足功夫，自然会豁然贯通，有所发现，有所发明，就能够从必然王国进入自由王国。

下面，结合上述几个“三境界”，来探讨一下外汇投资的三重境界。

第一重境界，不妨称之为“寻寻觅觅，冷冷清清，凄凄惨惨戚戚。”身处这一境界的人的特点是以为外汇投资很简单，操作上随意性很强，频繁进出市场并且无明确依据，结果自然是输多赢少。恐惧、贪婪和侥幸心理不断在内心冲突，一亏损精神就高度紧张，一盈利就高度亢奋。这是外汇投资的初级阶段，成功之路漫漫。换言之，还处在“交学费”的阶段。

第二重境界，可以借用王国维的“三境界”中的第二重，“衣带渐宽终不悔，为伊消得人憔悴。”指经过一番亏损后，我们终于认识到了外汇投资其实不简单，懂得不能蛮干，必须有方法和技巧，于是想方设法寻找和学习各种知识。已经懂得了止损的重要性，但不知道怎样设置止损才合理；已经运用各种技术指标，试图找出赚钱的捷径。有时会参考专家的分析并结合自己的思考，但还是经常亏损，也不免亏得稀里糊涂。处在这一阶段，或许已有过赚钱经历，不然根本撑不下去了；也已经懂得控制情绪，有一定的耐心，但恐惧和贪婪始终左右着你的操作。你也想过退出，自此离开伤心地，但终究还是留了下来，继续在总结经验中不断前进、不断进步。

第三重境界，依然借用王国维的第三重境界，“众里寻他千百度，蓦然回首，那人却在灯火阑珊处。”进入这一重天地，终于苦尽甘来，茅塞顿开，明白外汇投资并不像人们说得那么简单，但也绝对没那么难。经过无数次总结，你有了自己完整的操作模式，有明确的作战计划，每次进场离场都有明确的依据。虽然有时还是会亏钱，但由于止损设得好，只亏小钱。赚钱时，你能克制自己的恐惧，让利润奔跑。面对跌跌涨涨，你心如止水，耐得住寂寞，该出手时就出手。回首走过的路，恰如前面说过的，你终于体悟到，外汇投资以及一切投资的要义都是发扬人性的优点、克制人性的弱点。

» 第八章　基金——相信专业的力量

1．基金的由来与特征

基金，广义上是指人们为某种目的而设立的具有一定数量的资金，主要包括信托投资基金、公积金、保险基金、退休基金和各种基金会的基金。这里的基金主要指的是信托投资基金。信托投资基金的主要方向为证券市场与实业，因前者具有普世性，所以当人们提到基金时，不加特殊说明，多半指的是证券投资基金。人们常说的“炒基”，就是指证券投资基金。

最通俗的解释，炒基金好比一群人，每人拿出一些钱，聘请专家，利用专业知识和资本优势，帮大家炒股票、买债券等，赚到钱大家一起分，赔钱当然也要一起担。

基金诞生于19世纪后半叶的英国。当时英国率先完成工业革命，生产力高速发展，国民收入与社会财富迅速增长，国内投资成本亦水涨船高。于是许多英国商人便尝试着将私人财产和资金纷纷转移到劳动力价格低廉的海外市场进行投资，以谋求资本的最大增值。加之当时英国在全球的霸主地位，许多中产阶级也希望通过投资，在英国广阔的海外殖民地经营中分一杯羹。但由于投资者缺乏国际投资知识，对海外投资环境亦缺乏相应的了解，加上地域限制和语言不通，无力自行管理。在经历了投资失败、被欺诈等惨痛教训后，便萌发了集合众多投资者的资金，委托专人经营和管理的想法，并得到了英国政府的支持。

1868年，世界历史上第一只基金——英国成立的“海外及殖民地政府信托基金”在《泰晤士报》刊登招股说明书，公开向社会及个人发售认股凭证，这是公认的设立最早的投资基金。该基金以分散投资于国外殖民地的公司债为主。其投资地区，远及南北美洲、中东、东南亚和意大利、葡萄牙、西班牙等地，投资总额48万英镑。该基金与股票类似，不能退股，亦不能将基金单位兑现，认购者的权益仅限于分红和派息两项。因为其在许多方面为现代基金的产生奠定了基础，金融史学家将其视为证券投资基金的雏形。

但真正让基金盛行起来的国家是美国。“一战”结束后，美国取代英国成为世界经济新霸主，为有效促进国外贸易和对外投资，美国开始引入基金制度。1921年4月，美国设立了第一家证券投资基金组织——“美国国际证券信托基金”，标志着证券投资基金发展中“英国时代”的结束、“美国时代”的开始。此后直到现在，在全球基金市场中美国仍占据主导地位。

中国的股票市场上，散户多而庄家少，但散户总是被割，因为庄家虽少，掌握的资金量却很大。美国基本上没什么散户，投资者大都委托专业公司操作，其中很大一部分资金流入了基金领域。美国为基金的兴盛提供了土壤，基金也不断反哺着美国。早在1997年，美国基金的资产规模已达4万亿美元，已经超过美国商业银行的储蓄存款总额。与此同时，名目繁多的基金类型与基金品种不断问世，有股票型基金、混合型基金、指数型基金、债券型基金、保本型基金、货币型基金、分级基金、境外投资基金等。

我国最早的基金为新鸿基中华基金，设立于1989年，由香港新鸿信托投资基金管理有限公司推出，可谓土洋结合。之后，一批海外基金纷纷设立，中央也出台了一系列宏观经济政策，共同推进中国基金业的起步和发展。进入21世纪，随着《开放式证券投资基金试点办法》的推行及我国首只开放式基金“华安创新”的诞生，中国步入开放式基金时代。其灵活性为中国基金业注入了动力，本身的迅速发展也极大地带动了中国基金业的整体发展。

当然，与美国等发达国家相比，我国基金业还存在着许多不合理及欠缺的地方，主要表现在以下两点。

第一，相关法律制度还不够完善。目前，我国进行基金监管时主要的法律依据是《基金法》。但《基金法》完全是以契约型基金为前提而制定的，并没有对基金管理人与基金持有人之间的很多间接性的权利义务做出明确规定，这不仅是对公司型基金存在的回避，也使基金管理人仅凭一纸契约就能买断基金持有人除收益权之外的所有权力，这在使基金管理人拥有重大决策权的同时，也侵犯了基金持有人的权力。

第二，民众投资意识有待提高。我国的基金投资者很大一部分是中老年人，相对来讲，他们缺乏相应的财务知识与投资技巧，投资理念又过于陈腐，总是倾向于投机，是典型的“羊群效应”者。他们没有独立分析能力，又缺乏价值投资理念，这对基金管理公司的战略操作影响很大。特别是开放式基金，如果投资者缺乏理性，遇到股市波动，便纷纷赎回，自身割肉受损不说，还会直接连累基金管理公司，这客观上加大了基金投资的风险。换言之，买基金也不是简单地把钱交给基金公司操作那么简单，很多时候需要彼此同步。

2. 货币基金和余额宝

什么叫货币基金？你或许不懂得、不了解，也没参与过，但你身边一定有人在参与。这几年年轻人都在“玩”的余额宝，本质上就是货币基金。

货币基金是货币型基金的简称，它与股票型基金、混合型基金、债券型基金共同构成了开放式基金的四大基本类型。货币基金是一种聚集社会闲散资金、由基金管理人运作、基金托管人保管资金的基金，只投资于货币市场，如短期国债、回购、央行票据、银行存款等，风险基本等于零（但也不是一点儿没有）。其流动性仅次于银行活期储蓄，每天计算收益，一般一个月把收益结转成基金份额，收益较一年定期存款略高，利息免税，具有“准储蓄”的特征。对很多希望回避证券市场风险的企业和个人来说，货币基金可谓是天然的避风港。

货币基金与投资于股票的基金最主要的区别在于，货币基金的资产净值固定不变，通常是每个基金单位为1元。举例说明，某投资者以1000元投资某货币型基金，可拥有1000个基金单位。1年后，若投资回报是5%，那么该投资者就多了50个基金单位，总共1050个基金单位，价值1050元。

货币基金是仅有的在流动性、灵活性等方面可与活期存款相媲美的理财工具，随时可以申购和赎回，赎回款1—2日即可到账。其门槛一般为1000元，甚至更低，远低于银行理财产品，也不必担心排队买也买不到，周末和节假日也都有收益，积少成多，可盘活日常生活中的闲余资金，真正转变人们

“一定要积攒到很多钱才可以投资理财”的观念。

美国是全球货币基金最发达的国家，也是货币基金的发源地。1970年，美国分析师鲁斯·班特在对金融服务业做了周详调查之后，创立了史上第一只货币型基金。当时的美国经济衰退而通胀较高，美联储对银行存款利率进行管制，居民存款利率低于通货膨胀率，存款处于贬值状态。为吸引资金，银行适时推出了利率高于通胀率的大额定期存单。然而，普通美国人哪有那么多钱？他们能够参与的依然是利息低得可怜的银行储蓄账户、股票和债券。鲁斯·班特的做法是，先购买30万美元的高利率定期储蓄，然后以1000美元为基本投资单位，出售给小额投资者，实现了二者的巧妙结合。

2003年，华安基金管理公司推出了我国第一只准货币基金——“华安现金富利基金”，它不仅填补了国内空白，也标志着至此国外发达国家基金市场上大的基金类型基本上都在中国出现了。在2012年之前，除2008年外，我国货币基金资产净值始终处在3000亿元规模以下。但2012年，数据爆发，大涨94%，直接逼近6000亿元，并持续发力，直线上冲。此后伴随着货币基金市场收益率的不断上升以及互联网市场的兴起，货币基金迎来了历史性的发展机遇。特别是2013年余额宝问世后，迅速成长为国内最大的基金管理公司，后来余额宝还设置了最高额度，开启了限购模式。

目前，货币基金的收益分配公布方式有“每万份收益”和“七日年化收益率”两种。例如，“每万份收益1.07302”的意思是每一万份货币基金份额当天可以获得的收益是1.07302元；“七日年化收益率”是指平均收益折算成一年的收益率，它是考察一个货币基金长期收益能力的参数。“七日年化收益率”较高的货币基金，获利能力也相对较高。但要注意，这个指标具有一定的局限性，因为如果某一天的收益特别高的话，那么含有这一天的七日年化收益都会被拉上去，所以只能作为选择产品的一个参考指标而已。最重要的还是参考过往的历史业绩和评价。

关于选择货币型基金，有以下几点建议。

一是买旧不买新。

除了余额宝这样的特例外，购买货币基金时应优先考虑老基金，因为经过一段时间的运作，老基金的业绩已经明朗化，新发行的货币基金能否取得良好的业绩还需要时间来验证。有些新发行的货币基金还有封闭期，封闭期内无法赎回，灵活性自然会受限制。

二是买高不买低。

投资者可以通过相关网站查询货币型基金的收益率排行榜，尽量选择年收益率一直名列前茅的高收益的货币基金。前文提过，货币型基金的风险基本为零，在无风险的情况下，自然要选择收益率最高的。

三是就短不就长。

凡事有利就有弊，没有一款理财产品可以集中所有的优势。货币基金比较适合打理活期资金、短期资金或一时难以确定用途的临时资金。对于一年以上的中长期不动资金，则应选择国债、人民币理财、债券型基金等收益更高的理财产品。

3. 股票基金和指数基金

股票基金，顾名思义是全部或者至少 80% 的基金资产用于投资股票市场的基金。它是最主要的基金品种，那些经常称自己被套牢的客户，一般买的都是股票型基金。

股票基金的主要功能是将大众投资者的小额资金集中起来，投资于不同的股票组合，以赢取收益。在欧美等发达国家，股票型基金非常受欢迎，认可度很高。之所以如此，在于投资股票基金与直接投资股票或其他基金相比有很多优点。

第一，与投资者直接投资于股票市场相比，投资股票基金具有分散风险、费用较低等特点。对一般投资者而言，个人资本毕竟有限，难以通过分散投资种类来降低投资风险。但若投资股票基金，投资者不仅可以分享各类股票的收益，而且可以通过投资于股票基金将风险分散于各类股票上，从而大大降低投资风险。此外，投资者投资了股票基金，还可以享受基金大额投资在成本上的相对优势，降低投资成本、提高投资效益，获得规模效益的好处。

第二，从资产流动性来看，股票基金具有流动性强、变现性高的特点。因为股票基金的投资对象是流动性极好的股票，资产质量高，变现容易。在国内，购买（股票）次日即可交割。

第三，对投资者来讲，股票基金经营稳定、收益可观。一般来讲，股票基金的风险比股票投资的风险低，因而收益较稳定。不仅如此，封闭式股票基金上市后，投资者还可以通过在交易所交易获得买卖差价。基金期满后，投资者还享有分配剩余资产的权利。

第四，股票基金具有在国际市场上融资的功能和特点。就股票市场而言，其资本的国际化程度较外汇市场和债券市场低。一般来讲，各国的股票基本上在本国市场上交易，股票投资者也只能投资于本国上市的股票或在当地上市的少数外国公司的股票。但在国外，股票型基金突破了这一限制，投资者可以通过购买股票基金，投资于其他国家或地区的股票市场。

股票型基金的盈利方式主要分为两类：一是股票上涨所带来的收益，即通常所说的“资本利得”；二是上市公司以股利形式分给股东的利润，即通常所说的“分红”。

指数基金又是什么呢?

先了解一下什么是指数。

指数就是指示数字，由专业人士或专业机构根据某些采样计算出来的统计数据，使人们可以更好地判断行情的变化与走势。在这里主要指的是股票指数，即证券公司为广大投资者提供的专业的股票指数，如先锋 500 指数、恒生指数等。实际上，世界上第一只指数基金就是诞生于美国的先锋 500 指数基金，它问世的背景与货币基金相同，都是因为当时美国经济出现了滞胀，实体经济无法继续发展，美国的基金经理们很难再有更好的业绩，这时候就只能靠未来来吸引人。

投资指数基金看似投资的是指数的涨跌，实际上投资的是相应指数所涵盖的所有股票，其最大的好处就是简单方便。投资者无须担心基金经理是否会改变投资策略，因为指数基金经理根本不需要自行选股，所以谁当基金经理并不重要，从而避免投资受表现差劲的基金经理所累。另外，由于指数基金经理用不着积极选股，所以指数基金的管理费用相对较低。同时，因为指数基金采取购买并持有的策略，不用经常换股，所以交易费用也远低于普通基金。

长期来看，除非股市遇到前所未有的大萧条，经济倒退许多年，绝大多数人购买指数基金都会赚钱，因为经济是向前发展的。所以，当有人在股东大会上问巴菲特和他的搭档查理·芒格："如果他们只有 30 多岁，也没有其他经济来源，只能靠一份全日制的工作来谋生，尚有盈余，该如何投资？"巴菲特的回答是，先把所有的钱都投资到一只费率低的追踪标准普尔 500 指数的指数基金上，然后继续努力工作，把赚到的钱投资到类似的指数基金上。

中国基金的起步很晚，直到 2002 年国内第一只指数型基金——华安上证 180 指数增强型证券投资基金方才面市，指数型基金在中国的发展也并非一帆风顺。但因其特有的上述优势，指数型基金仍然成了众多投资者喜爱的金融工具。截至 2017 年第四季度末，市场上的 481 只指数基金资产规模共计 4639.15 亿元（不计 ETF 连接基金），这还是较上季度末减少了 115.8 亿元的结果。相信随着中国证券市场的不断完善以及基金业的蓬勃发展，指数型基金未来在中国会有更加蓬勃的发展。

4．保本型基金的优缺点

投资最重要的原则有两个，一是保本，二还是保本。很多人习惯将资金称作“子弹”。只要仓里有足够的子弹，配合专业技术，一切皆有可能。但若是资金没了，子弹打光了，那就只有举手投降的份儿了。

那么，如果有这样一类基金产品，能保证本金不受损失，使你在股市上涨时不会踏空，暴跌时也不至于深套，长期来看收益显著超过货币基金、银行理财，岂能不受欢迎？

这就是保本型基金。如果说股票型基金玩的就是心跳，那么保本基金则信奉稳稳的幸福。不过，在最近这场股灾之前，它多少有些落寞，毕竟贪婪是人性的一部分。

股市的疯狂赋予了人们太多的激情，当这些喧嚣占据双耳时，人们很难想起理财市场还有保本基金这类产品，这或许和它“稳重”“宠辱不惊”的投资理念相关。直到一切喧嚣归于平静，多数投资者的资产缩水时，人们才发现，原来保本才是理财的永恒基石。

正是基于这种理念，1983 年，由美国伯克利大学两位金融学教授发明的投资组合保险技术首次被应用于投资管理运作实践中，形成了保本型基金的雏形。此后，该产品凭借“首先保住本金，再博取收益”的理念，在海外迅速风行，并于 20 世纪 80 年代中期得到蓬勃发展。资料显示，截至 2002 年 7 月，欧洲市场上 2229 只保本基金规模已达到 1250 亿欧元，其中法国、荷兰、比利时、卢森堡占有较大的市场份额。中国香港于2000年推出了首只保本基金——“花旗科技保本基金”，两年时间内迅速发展至100余只。但在中国大陆地区，自2003年第一只保本基金“南方避险增值保本基金”推出后，保本基金数量虽逐渐增多，然而无论从发行数量还是发行规模看，都属于小众产品。直到2008年年底，保本基金的数据仅为7只，资产管理规模147.27亿元。但到了2015年，保本基金的全年发售额已达1050亿元。这两年受股市不振影响，保本基金继续稳步发展，未来的上行空间也相当广阔。

金融市场绝对不乏一夜暴富的先例，但真正意义上的职业资产管理人都是绝对的风险厌恶者，风险控制永远摆在第一位。保本理财产品属于低风险理财，保本型基金不会冒很大风险去博取更多的收益，因此投资者对此项基金的需求相对较低。

作为新兴的资本市场，中国让所有的投资者都充满了激情，但激情并不能没有限制。我们必须遵循市场的运行规律。前两年市场过度火爆，把人们的眼球都吸引到激进的投资产品上，而忽视了风险的控制，保本基金被晾在了角落，这其实就是投资理念不成熟的表现。

那么，保本基金是如何运作的呢？统计数据显示，国内所有的保本基金采用的都是恒定比例组合保本（Constant Proportion portfolio lnsurance，CPPI）策略。该策略以数量化的分析模型为基础，通过动态调整基金在安全资产和风险资产的投资比例，确保基金投资组合的风险暴露水平不超过基金可承担的损失（该损失限额又称为安全垫），以实现保本周期到期时投资本金安全的目标。该策略在控制一定的下限风险的同时，通过投资风险资产增厚投资收益，实现资产增值的效果，如图8所示。

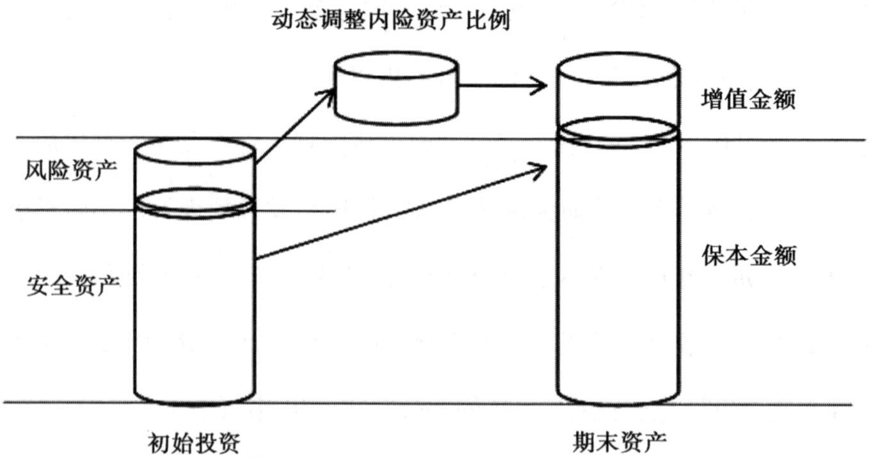

图 8　保本基金实现资产增值效果示意图

保本基金也不是绝对的保本，也是有风险的，只是风险由基金公司承担。基金公司势必要有相应的机制，以应对这种风险。因此，保本基金都有投资期限的要求，提前赎回不但无法保障本金，还须支付赎回费用，所以投资这类产品时，必须要注意赎回手续费的比例与相关赎回条件。另外，要确定无疑是保本保息的基金产品，保本型基金一般只保本金而不保盈利。保本型基金的保本只是对本金而言，并不保证基金一定盈利，也不保证最低收益，因此存在着保本到期日投资者仅能收回本金的可能。

总的来讲，保本型基金给人的感觉就一个字——稳。对不太成熟的投资者来讲，它无疑是最好的选择。因为只有先在瞬息万变的市场中立于不败之地，才有不断赚取收益的可能。进场，都是为了赚钱，但不赚钱总比亏钱让人容易接受。我们要看收益，更要看风险。

5. 基金定投，套牢也幸福

常在河边走，哪能不湿鞋。凡投资者，都被套牢过。巴菲特说过："买进一只股票，要能够忍受它下跌一半。"据此可推，在巴菲特那里，被套也是常事，也要经常忍受。

在国际上，套牢分多头套牢和空头套牢。我国大陆的股票交易不采用卖空制度，所以股票空头套牢在大陆市场并不存在。不过，我国大陆照样有空头市场，如期货市场，所以同样有空头套牢。当然，股票的好处在于，即使行情暴跌，只要公司基本面良好，总不至于跌没。期货就不行，弄不好是会爆仓的。所以，基金公司在购买证券时，首选股票是基本面良好的股票。

套牢不可怕，尤其是当你选择了定投并且是定投股票型基金，不仅会有翻盘的机会，而且可以认为套牢是一种幸福。

以巴菲特为例：2008 年 9—11 月，次贷危机蔓延，导致美股暴跌，两个月时间账面亏损高达 150 亿美元。按照常理，此时至少是观望的时刻。但在当年 9 月 23 日，巴菲特出手购入高盛 50 亿美元的永久性优先股，其普通股可转换价为 115 美元，结果高盛股价一度跌至 55 美元，较巴菲特入股时暴跌了近 55%。一时间，"股神也会被深套"的声音不绝于媒体报端。有意思的是，巴菲特不仅不以为然，还在次年致股东的信中这样描述自己的决定："去年在好的方面，我们从箭牌、高盛和通用电气公司购买了总计 145 亿美元的固定收益证券。我们非常喜欢这些交易，它们会给我们带来高额的利润，这些投资会非常令人满意。”巨亏了，还满意？它又如何给我们带来高额利润？股东们是听不懂的。事实上，4 年多的时间里，人们也没等到奇迹。直到 2013 年 3 月，高盛宣布，已经签订相关协议，将巴菲特拥有的购买高盛的股票权证转换成高盛的股票，这使巴菲特成为高盛一个重要的股东，彼时的现金收益加上股票收益，巴菲特已净赚近 31 亿美元。

和普通投资者一样，巴菲特也不愿意被套。但他与普通投资者的区别在于，他懂得反其道而行之，懂得只要股票有价值，被套也是一种幸福。用他的话说，“无论是股票还是短袜，我都乐于在商品减价的时候购买”“价格是你付出的，价值是你得到的”。所以，他总是乐见好股票下跌，不惧套牢，有时甚至会主动“买套”，静待价格反转。

同样的道理，如果你没有买错，你完全可以不必怕被套；更不必一被套就如被割肉，割得心如刀绞，从此视股市为畏途。还是那句话：为什么要割肉呢？如果你根本没有买错，如果你不割肉，只不过是账面上的浮亏而已。

另外，要知道，真正理性的投资者，进入市场要赚的主要是上市公司的利润回报，而不是市场交易差价。被套牢是一回事，但它并不影响你享受上市公司的收益回报，如分红，因为它是与市场波动无关的东西。

当然，这里还有一个前提——你有没有选择定投。尽管巴菲特并没有真正用到定投战法，但他的行为暗合了股市有跌必有涨的规律，所以股市总有回报他的那一天。而如果他选择定投的话，他不可能一上来就被套那么多，也不用等那么长时间迎来股市的“回头笑”。

面对空头市场，采用单笔投资方式的投资者或许只能怨天尤人，有时甚至必须适当割肉。而采用定投方式入市的投资者可以完全不必考虑止损，相反，采用定投的投资者还能在下跌市场获得价格越来越低的筹码。由此可以说，下跌市场是积累投资资本的好机会，也只有选择定投，才真正称得上被套牢也是幸福。

如果你选择了定投并在下跌通道中坚持定投，等到股市回到多头市场，当其他投资者还在摩拳擦掌地准备入市时，你已经开始收获成果了。当别人也开始收获成果时，你已经获得了非常不错的回报，甚至可以提前开始考虑离场了。在市场下跌的时候，如果能想到这些，能预见到这样的未来，就没什么值得难过的，相反会非常开心。

» 第九章　债券——有保障，也有未来

1. 债券的缘起与本质

债券与股票同属有价证券，而且相对于股票几百年的历史而言，债券的历史要悠久得多。最早的债券形式是奴隶制时期即已产生的公债券。据文献记载，欧洲在公元前 4 世纪时就出现了国家向商人、高利贷者和寺院借债的情况。进入封建社会之后，公债得到进一步发展，许多封建主、帝王每当遇到财政困难特别是发生战争时，首先想到的便是发行公债。12 世纪末，在当时经济最发达的意大利城市佛罗伦萨，政府曾向金融业者募集公债。其后，热那亚、威尼斯等城市相继仿效。美洲大陆被发现后，大航海时代拉开序幕，为争夺海外市场及海外殖民地而频繁进行的战争，使荷兰、英国等迅速崛起的国家竞相发行公债，筹措资金。1600 年设立的英国东印度公司是历史上最古老的股份公司，它除了发行股票外，也发行短期债券，并进行交易。

美国独立战争时期，也曾发行多种中期债券和临时债券，这些债券的发行和交易不仅助推了美国的独立，也形成了美国最初的证券市场。19 世纪 30 年代以后，美国各州都普遍大量发行州际债券。之后，由政府担保的铁路债券迅速增长，有力推动了美国的铁路建设。与此同时，欧美资本主义各国相继进入垄断阶段，为加速资本积聚，各国股份公司开始发行大量的公司债，并不断创造新的债券种类，最终形成了今天的债券体系。

中国历史上有没有类似欧洲国家向百姓借债的情况？即使有，相信也是个别现象。以大一统为标志的中国封建社会坚固而漫长，那些标榜“普天之下，莫非王土”的封建帝王是不可能向百姓借债的，只需巧立名目加税即可。

中国真正意义上的债券是1894年甲午战争后，清政府为交付赔款而发行的“昭信股票”，名字虽然叫股票，实质上是公债，总额为白银1亿两。昭信股票的发行并不顺畅，因为它从顶层设计上就出了问题，每百两白银为1股，当时的寻常百姓家，年收入也不过几十两银子，就算有心尝试这一新鲜事物，投资门槛和持有成本过高，一般人也很难买得起。

不管怎么说，清政府总算是开了头。自此以后，从北洋政府到蒋介石政府的历届政府都发行过大量公债。中华人民共和国成立后，中央人民政府曾于1950年1月发行“人民胜利折实公债”，实际发行额折合人民币2.6亿元，于1956年全部还清本息。1954年，我国又发行了国家经济建设公债，到1955年共发行5次，累计发行额度39.35亿元，至1968年全部偿清。之后20多年内，我国再未发行债券。

现代意义上的中国债券市场应该是从1981年开始，发展至今共经历了实物券柜台市场主导时期、交易所债券市场主导时期和银行间债券市场主导时期。实物券柜台市场主导时期是在20世纪80年代初至20世纪90年代初，这一时期的特点是发行难，大部分靠行政分配的方式，当时普遍将其视作长期储蓄存款的一种。这一时期还形成了全国性的二级市场，出现了著名的“杨百万”式，主要盈利模式为套利交易；1992—1997年，为交易所债券市场主导时期，尽管总体特征上实现了无纸化和集中托管交易，但由于市场发展不均衡，是不成熟的场内市场；1997年至今，为银行间债券市场主导时期，其主要成就是形成了中国债券市场的目前格局，重中之重是构建了三个有机分离的流通市场：银行间债券市场、交易所债券市场和商业银行柜台债券市场。

国债是最具典型意义的债券品种。我国历史上发行的国债主要品种有国库券和国家债券，其中国库券自 1981 年以后基本上每年都发行，排队买国债早已成为人们熟知的风景。之所以如此，在于它不嫌贫爱富，针对企业也面向个人，风险较低而利率较高，一般至少比银行同期存款利率高 1—2 个百分点。

2. 做国家的债权人

投资绝对是门技术活，买国债也没有普通人想象得那么简单。

首先要明确一点，国债不等于安全。人们常说的国债安全，是指国债具有极高的信用度，没有违约风险，但有时候由于市场风险，也可能导致投资失利，或者赢利甚微。

我国现行国债主要有两种：一种是储蓄国债，另一种是记账式国债。二者在发行方式、流通转让及还本付息方面有很多不同之处，购买国债时，要根据自己的实际情况做出正确选择。

储蓄国债，又名凭证式国债，主要通过银行渠道发行，有点类似定期存款，可以在到期前支取，但会损失一定的利息。在许多国家，国债因为其安全性高，因而利率低于同期的银行存款。在我国，因为银行存款的大众普及率高，存取方便，所以有时国债利率反而略高于同期的银行存款，因此，储蓄国债是银行存款较好的替代品之一，尤其受一些有养老需求的投资者的欢迎。

记账式国债，又名无纸化国债，是由财政部通过无纸化方式发行的，以电脑记账方式记录债权并且可以上市交易的债券。以记账形式记录债权，通过证券交易所的交易系统发行和交易，可以记名、挂失。也因此，投资者进行记账式证券买卖，必须在证券交易所设立账户。由于记账式国债的发行和交易均无纸化，所以效率高、成本低、交易安全。根据不同的年限，记账式国债有不同的付息方式，一般中长期的记账式国债采用年付或半年付，相应的利息可以用来再投资，相当于复利计息，这对长期国债投资者来讲是一笔不小的投资收益。另外，记账式国债的价格完全由市场供需及市场利率决定，当市场预期利率上升时价格下降、市场预期利率下降时价格则上升。如果在低价位购得记账式国债，既享受了价差又享受了高利率。这也意味着，投资者应尽量避开国债净值多变的时段或高位介入，从而将自己的投资风险控制在最低。

记账式国债不能提前支取，但可以卖给其他人，主要交易渠道有银行和证券交易所。提前兑现时，仅需支付少量交易手续费，仍可享受按票面利率支付的持有期利息。如果价格没有大幅下跌，投资者不仅不损失原价也不损失利息。

记账式国债更适合 3 年以内的投资理财产品，而且收益性与流动性都强于凭证式国债。如果时间较长的话，一旦市场有变化，下跌的风险也很大。由于年轻的投资者对信息及市场的变动非常敏感，所以记账式国债更适合年轻投资者购买。

在具体投资前，投资者还要注意国债的分档计息规则。以第五期凭证式国债为例，从购买之日起，在国债持有时间不满半年、满半年不满 1 年、满 1 年不满 2 年、满 2 年不满 3 年等多个持有期限，实行分档计息制，投资者应注意根据时段来计算、选取更有利的投资品种。

在投资市场上，股市与债市存在一定的跷跷板效应，即当股市下跌时，国债价格上扬；当股市上涨时，国债下跌。所以，投资国债也应密切关注股市对国债行情的影响，以便做出正确决策。虽然债券投资技巧不如股票操作那么复杂，但也要注意以下几点。

首先，上午利率常常比下午高。观察 4 天以内短期国债品种的 K 线，你可以发现阴线比阳线多。这是因为许多股民本来打算用这些钱买股票，但看了半天，实在没有好的股票成交机会，于是下午这些钱都来买国债“赚个烧饼钱”，从而压低了利率。所以，上午买短期国债一般比下午买好。

其次，节假日之前资金比较紧张，利率一般比较高。如2012年12月31日，1天期国债利率最高冲到30.002%、2天期最高14%、3天期最高9.2%等。所以，节假日一两天前的“有肉”行情尽量不要错过。

再次，周五买1天期国债不划算。国债的期限是按照“自然日”计算的，而交割日是按照工作日计算。如果周五买1天期国债，下周一这笔钱才能回到股票账户，但你只拿到1天的国债利息，周六和周日的“活期利息”就没有了。为了弥补，周五的1天期国债利率一般会高一些。

最后，对特别喜欢折腾、不愿意放过每一天的股票操作的股民来讲，做1天期国债是个不错的选择。1天期国债的交割是个特例，资金第二天就能用。譬如，你周二下午两点买入1天期国债，经过一个晚上，现金又回到你的账户，周三上午10点你仍然可以用这笔钱买股票。这也正是1天期国债特别活跃，以致交易量超过其他各品种国债交易量总和的原因所在。

3．债券型基金的优势

债券型基金简称债券基金，它是以债券为投资对象的基金类型，通过集中众多投资者的资金，对债券进行组合投资，寻求较为稳定的收益。在基金业，债券基金是非常重要的组成部分，仅次于股票型基金。

债券基金的问世主要归功于经济大萧条。20 世纪 20 年代的全球股市低迷让人们把目光放在了债券上，当人们发现债券的收益高过股票收益且具有不可动摇的安全性时，一些基金人士开始关注债券。1935 年，美国历史上第一只债券型基金“重点托管基金”成立，其目标是在承担最低风险的前提下追求收益最大化。不过，债券基金并未伴随着之后的股市复兴而复兴，而是一问世就经历了长达 25 年的低潮期。

直到 1965 年，越战升级，通胀压力增大，美联储实行货币紧缩政策，债券利率才开始攀升。同时，美国国会将联邦全国抵押公会改为私营公司，并成立了政府全国抵押协会，一年后又创立了联邦住宅贷款抵押公司。这些公司都发行公债，为国内建设及住宅项目筹集资金，自此美国政府公债基金开始走红。1975 年，出于统计需求，美国投资基金公会将“债券和收益基金”专门列为一类，债券基金总算获得了自己的席位。

中国国内首只债券型基金南方宝元债券基金的问世，更是迟至 2002 年了。但因其优势，此后债券基金规模在中国迅速增量，一度平均年增长率达百分之百。债券基金都有哪些优势呢？首先是比定存更高的收益率，绝大多数债券型基金都能取得超过定存的收益，以2015年为例，债券型基金平均取得了9.88%的收益。其次是不容易亏本，从债券型基金指数的年K线来看，最近10年，除2011年是收阴以外，其他年份都取得了正收益。这主要是因为债券型基金的主要投资对象为国债、金融债等固定收益类金融工具，投资产品本身收益比较稳定，所以它又被称作"固定收益基金"。

那么债券基金有没有风险呢？有些人认为，债券的发债主体不是国家就是地方政府，信用高，所以相当于零风险。其实不然，投资即有风险，债券型基金只是风险比较低，而不是没有。在债券市场出现波动的时候，债券型基金确有亏损的风险。而且，债券型基金中有一类偏债券型基金，又名普通型债券基金，换言之它不是纯债券型基金，只要拿80%以上的资产用于债券投资即可，其余资产可投资于股票市场。其好处是在控制风险的前提下追求较高的收益，但我们知道，股票市场波动性较大，风险也相应较大。

总的来讲，债券基金还是除保本基金外最为稳妥的基金类型，非常适合投资者。如果说它也有缺点的话，那就是因为它的投资风险比股票基金小，所以收益也相对较低。

4．如何规避债券风险

只要涉及投资，一定会有风险，就算那些承诺保本的，就一定没有风险吗？风险还是存在的，只不过有人替你承担着。有没有承担不住的时候姑且不论，这里要说的是，最为稳妥的债券也会有相对的风险，投资之前应学会规避相应的风险。

一是利率风险。

债券的价格与市场利率变动密切相关，且呈反方向变动。当市场利率上升时，大部分债券的价格会下降；当市场利率降低时，债券价格通常会走高。通常情况下，债券的到期日越长，债券价格受市场利率的影响越大。与之类似，债券基金的价值也会受市场利率变动的影响。债券基金的平均到期日越长，利率风险就越高。对此，适宜的防范措施是分散债券的期限，做长短期配合，如果利率上升，短期投资可迅速抓住高收益投资机会，利率下降则由长期债券去赢取高收益。总之，一句老话，不把所有的鸡蛋放在同一个篮子里。

二是信用风险。

信用风险具体说来是指债券发行人没有能力按时支付利息、到期归还本金的风险。如果债券发行人不能履行承诺，该债券就站上了风口浪尖。一些投资者为弥补低等级信用债券可能面临的较高信用风险，会要求较高的收益补偿，这是应该的，但个人投资者还是尽量别碰。另外，买公司债时，一定要仔细了解公司的情况，包括公司的经营状况和公司的以往债券支付情况，避免投资经营状况不佳或信誉不好的公司，在持有期间也要随时对公司经营状况进行了解，以便及时卖出，锁定利润或规避风险。当然，对保守的投资者来讲，还是国债最好。

三是提前赎回风险。

一方面，当市场利率下降时，债券发行人能够以更低的利率融资，因此可以选择提前偿还高息债券。如果你购买了附提前赎回权债券的基金，不仅无法继续获得收益，还会面临再投资风险。另一方面，除了冷门债券最好不要购买外，投资债券前也应考虑清楚，并切实准备好一定的现金，以备生活或事业上的不时之需，中途转让通常不会给持有债券人带来好的回报。

四是通货膨胀风险。

低风险意味着低收益，通货膨胀很容易吞噬掉一些低收益形成的购买力，如活期存款，一定程度上的债券也在其列。成熟的投资者不应忽视这种风险，必须适当购买一些收益高的理财产品。至于在对付通货膨胀风险的同时如何规避风险，最好的方法还是分散投资，这相当于把随之而来的风险进一步拉低，如总量控制在所有资金的10%以内，即使最不理想的状态，10%失利，也不至伤筋动骨。

» 第十章　期货——起起落落的诱惑

1．期货与期权的由来

目前，国内比较成熟的投资市场有两个：股市和期货。

期货是相对于现货而言的。现货是实实在在可以交易的商品，期货则是虚拟合约。当然，在合约到期日，投资者也可以选择到期货市场收取实物。

早在古希腊时期，欧洲就出现了期货的萌芽。近代的期货合约源自现货远期交易，最初是双方口头承诺在某一时间交收一定数量的商品，后来随着交易范围的扩大，口头承诺逐渐被纸质契约代替。这种契约行为日益复杂化，人们引入了担保制。最开始是引入中间人，后来直接催生了世界上第一家商品远期合同交易所——英国伦敦的皇家交易所。1848 年，在美国的芝加哥成立了第一家具有现代意义的期货交易所，并于 1865 年确立了标准合约的模式。这种标准化合约，允许合约转手买卖，并逐步完善了保证金制度，使期货的整个交易模式趋于完善，期货投资也开始向公众敞开。

中国在 20 世纪 90 年代引入了期货系统。国内交易所曾一度如雨后春笋般出现。后来在国家的规划下，只保留和发展了现在的四大交易所，即上海期货交易所、大连商品交易所、郑州商品交易所和中国金融期货交易所。

期权，既与期货存在相同点，也有明显的差异。简单来讲，期权也是一种合约，该合约赋予持有人在某一特定日期或特定日期之前的任何时间，以固定价格购进或售出一种资产的权利。这种资产可以是期货，也可以是股票、债券、货币、股票指数等。

期权的概念可以追溯至很远。古希腊哲学家泰勒斯可能是人类有史以来最早的期权交易者。他出生在希腊商邦，当地重商轻学，有钱人看不起哲学家，甚至有人当面挤对他是个穷鬼。泰勒斯最初一笑置之，后来烦不胜烦，才决定向大家展示自己的赚钱能力。他做了一笔交易，购买了来年所有橄榄油压榨机的使用权。注意，泰勒斯没有购买来年所有的橄榄油压榨机，而是购买橄榄油压榨机的使用权。如果他买的是来年所有的橄榄油压榨机，那这就是一笔期货交易。但他买的是使用权，这便是一笔期权交易。相较于买榨油机的成本低了很多，否则泰勒斯就需要准备大笔资金。而且如果来年橄榄不丰收的话，他还需要处理那么多机器，也是一个很重的资产负担。当然最重要的是，泰勒斯不仅选择了轻资产，而且由于具备丰富的知识，他通过多种渠道预测到了来年的橄榄大体上会丰收，这样的话人们就会需要大量的榨油机，所以他提前买下了榨油机的使用权。事实上，第二年橄榄果然丰收了，人们求着泰勒斯把橄榄油压榨机的使用权卖给自己，并且不介意他从中赚些利润。通过这种方式，泰勒斯一举成为全希腊最富有的人。但之后，他又重新去研究哲学了，当初之所以经商，目的只有一个，那就是告诉世人：如果哲学家想要挣钱，就没商人什么事了。

现代意义上的期权交易产生于美国资本市场，但由于制度不健全，期权交易的发展长期受到抑制。直到 1973 年，美国芝加哥期权交易所问世，进行了统一化和标准化的期权合约买卖，上述问题才得到解决。之后，期权交易所逐步发展至全世界，但芝加哥期权交易所始终是最大的一座。2015 年，上证

50ETF期权于上海证券交易所上市，宣告了中国期权时代的到来。之后，豆粕期权与白糖期权先后在大连商品交易所和郑州商品交易所上市交易，相信将来会有更多的期权产品推出，供投资者选择。

投资过股票的人都知道，一只股票如果跌破了投资者的成本价，办法只有两个：暂时被套和亏钱卖掉，只有当股价重新上涨才可能解套。但只要你坚决持有，而且所选的股票是白马股，那么谁也拿不走你的资金。但期货不一样，首先，它提供两种交易机制，既可以做多，也可以做空。其次，如果你的仓位不够大，并且没有及时止损，那么爆仓是很正常的。另外，期货采取杠杆交易，是真正的以小博大，这一方面加大了投资者的潜在收益，因为期货商品的涨停远比股票的涨停收益更高；另一方面也加大了交易者的风险，所以投资期货的人通常都是日内交易，快进快出。而这又引出了期货的另一个优点，那就是T+0机制，可以随进随出，完全不必担心夜长梦多。

有人说，期货是涨也赚，跌也赚。其实，就交易机制而言这种说法是没错的，只要看准方向，只要会操作。如果说股民们做梦都在盼着牛市的到来，那么期民们完全不在意，因为期货每天都起起落落，起也有机会，落也有机会，没有所谓牛市、熊市。

交易市场有个规律，20岁成名的一般都是外汇高手，30岁成名的多为期货高手，而股票大师至少要在40岁以上——这是为什么呢？因为外汇考验的是交易员的反应速度，在200倍杠杆下，输赢就是一瞬间，所以成名的多为头脑灵活、没有心理负担的年轻人。但财富如流水，只知赚不知收，来得快去得也快，所以外汇交易很少看到大神级人物。期货除了应变之外，还考验趋势判断，这就需要一些时间积累。而股票不仅需要前面的基础，而且还要学会和庄家博弈，自然难上加难。

当然这并不意味着股票就不能做，投资期货就一定会顺风顺水。所有交易的本质是一致的，想真正读懂期货，没有几年时间是不够的，所以开始投资的时候，一定要控制资金。

2．对冲机理与盈利之道

所谓对冲，指的是为减低另一项投资的风险而进行的相关投资。所以，对冲的目的首先是降低风险，不过除了降低风险，只要操作得当，对冲也能盈利。

对冲在外汇市场很常见，究其原因有二：

一是外汇汇率波动快，风险大，天然地需要降低风险；

二是外汇市场中的各国货币在价格波动时的反应快慢不一，为交易员提供了操作空间。

举个例子：很多交易员喜欢在做多美元的同时，做空日元。因为当美元上涨时所有外币都会下跌，只有日元跌得最少；而当美元回软，其他货币初时升幅都较少，唯独日元会大升。

但最适应对冲机理的投资市场还是期货，一定程度上，也可以说对冲就是为期货市场发明的。举例来讲，假设你是一家养鸡场的老板，最担心的是什么？一般来讲是鸡蛋价格下跌，那如果你同时在期货市场上做空了相应手数的鸡蛋的话，鸡蛋价格下跌虽然还是会影响到你，但已不至伤筋动骨了。当然，你也可以选择在做空鸡蛋价格的同时做多鸡蛋，等到行情基本走出来之后再平掉逆势的那一单，在对冲风险的同时，争取更多的利润。

股市也能对冲。例如，当你在10元的价位买进一只股票时，你分析它未来有可能涨到15元，也有可能跌到7元，同时你对收益的期望不太高，最主要是避免较大的损失，也就是不要下跌太多。这时候，你就可以在买入该股的同时，买入这只股票的认沽期权。这样当股价低于你们的约定价格时，如 9 元，你仍然可以 9 元的价格出售给期权发行者，按照约定他必须照单全收。如果股票涨了，你也可以不卖，只需付给期权发行者一定费用即可。说白了，通过购买认沽期权这种金融衍生品，你潜在的收益和损失都变小了。

回到期货。在期货市场上，对冲操作大致不出以下四种手法。

一是期货与现货对冲交易。也就是同时在期货市场和现货市场上进行数量相当、方向相反的交易，这是期货对冲交易最基本的形式，前文中鸡蛋的例子就属于这个范畴。

二是不同交割月份的同一期货品种对冲。价格是随着时间变化的，同一期货品种在不同的交割月份价格也会不同，这就会产生价差，这种价差也是变化的。根据这种价差，进行或买进或卖出或平仓或交割等操作，只要超出商品储存费用，就是投资者的收益。在市场上，这种对冲方式简称跨期套利。

三是不同期货市场的同一期货品种对冲。期货市场散布于世界各国，各主要国家都有，地域和制度、环境的不同，会导致同一期货品种在不同市场的同一时间价格却不相同，而且这种差别非常普遍。这样，交易员就可以在一个市场做多的同时，在另一期货市场做空，接着根据价格的波动，同时或者依次平仓，就完成了在不同市场的对冲交易，这种套利模式称为跨市套利。

四是不同期货品种的对冲。当不同的期货品种之间存在某种关联性，如两种商品是上下游产品或可以相互替代等情况时，就可以进行不同期货品种之间的对冲。如前文提到的鸡蛋期货，与它有关系的期货品种其实很多，包括豆粕、大豆、玉米等。因为鸡蛋不会凭空而来，来自蛋鸡对豆粕、大豆、玉米等饲料的转化。再如铁矿石，当它价格上扬时，通常会带动螺纹与热卷的上扬；

铁矿石下跌时，它们也会亦趋亦行。在对冲且有盈利的情况下平仓，称之为跨品种套利。

一般来讲，对冲是比较高阶的技术，是操盘手级的知识，通常要有专人照料，适用于风险比较大且承受能力低的资金，普通投资理财只需设好止损即可，没必要为对冲而对冲，免得分神耗力，顾此失彼。

3．不接下落的刀子

不接下落的刀子——这是华尔街的名言，意即告诫投资者，千万别在市场暴跌的时候入市，特别是当市场恐慌的时候。因为这时候市场大势难以准确把握，具备经验的操盘手尚且难以做到准确地拿捏分寸，普通投资者更是难免被“下落的刀子”所伤，成为最后承受风险损失的替罪羊。

在中国，即使是大熊市，股市远比期市繁荣。究其原因，就在于越是熊市，越是有人纷纷入场抄底。跌一轮有人抄，再跌一轮还有人抄，但抄来抄去，大家终于相信，“儿童底”下还有“婴儿底”，地板下面还有地狱。至于期市，不存在所谓的牛市熊市，只要你看得准，天天都是牛市。当然，如果你做错了趋势，别人的牛市恰恰是你的熊市。在股票市场，跌的时候连庄家都要亏损，但期市不一样，那些做空的人恨不得它能跌到十八层地狱，如果你不慎接了下落的刀子，很难不被下降趋势所伤。做期货，做错了就马上止损。当然，如果可以，还是尽量不要错的好。

在股票市场，有所谓的“买套市”，也就是一买就亏钱，一买就被套。前文说过，不套你庄家怎么赚钱呢？有时庄家为了套散户，会不惜把一只好票砸到很低的价位，低到让人难以想象。但期市不可以，一来大势不可逆，二来期市对应的是实体商品，如一吨苹果、一吨玉米，总不能脱离现货价格太多。反之也是如此，如鸡蛋，总不能涨得太离谱，只要贵得稍微离谱，政府就会出手干预，价格就会回跌。所以，做期货只要看准了基本面，找到相应的高点和低点，大趋势就错不了。所以，你没必要接下落的刀子，等它尘埃落定再说。

不可否认，有些人专门喜欢接“下落的刀子”，并且收获不菲。因为刀子一旦反转，那就是火箭。谁不想让自己的资产坐火箭呢？刀子固然有反转为火箭的可能，但它不是还没反转吗？在反转趋势没有走出来之前，谁也不能确保它一定会反转。接“下落的刀子”最大的风险，就是让你直接从中产变破产。以股票为例，个股在短时间内暴跌，通常意味着公司发生了财务危机或者极其重大的不利事件。期货突然走低或走高，往往也是因为发生了导致价格暴涨暴跌的客观重大因素。并非所有的刀子都不能接，但建议大家尽量不要去接。大多数刀子，一接就会成为“接盘侠”。不要看别人在接，那是因为别人有足够的安全边际，就好比戴着钢丝手套，你有吗？甚至，那刀子可能原本就是他抛出来的，你去接，就伤你；你不接，他又收回去了。

即使我们的安全边际也很大，有更多的筹码在它下跌时摊平成本、降低风险，我依然要说——别去接下落的刀子！一旦需要体现你的资金优势时，意味着你已经在风险之中了。未走出风险之前，你不能说那是机会。只有身处风险之中的人才能感受风险，只有目前在亏损状态的人知道亏损是什么滋味。亏损对投资者尤其是初学者影响最大的是心理，K线支撑位被突破并不严重，一旦人的心理支撑位被突破，极有可能溃不成军。你可能扛得住，但不是所有与你一样身在弱势行情中的人都具备这种坚强品质，一个人的抵抗往往是徒劳的，跌破支撑位后通常会引来更多的抛售。况且，无论是股市、外汇还是期货，都讲究顺势交易，尽管顺势交易也并非没有风险，但顺势交易的风险最低，收益却不一定低。既然如此，为什么还要冒着风险去接下落的刀子呢？

4. 日内交易者的“三板斧”

众所周知,《隋唐演义》中的“混世魔王”程咬金，武艺说不上精熟，智谋谈不上出众，却靠着三招半纵横天下，不曾吃过大亏。期货市场产品众多，知识面非常广，一般人根本掌握不了，也没必要掌握全部相关知识，做到十八般武艺样样精通。

如果你是做长线，把商品大周期的供需情况了解清楚就行了，日内的小波动，可以忽略不计；如果是做日内短线，就关注盘口变化，看 5 分钟甚至 1 分钟走势即可，基本面供需变化则可弃之不顾。怕就怕贪心不足，妄想把握住每一个波动，长中短线都做，套利、单边都参与，结果导致思维混乱，不亏也难。

可以做日内交易，这是国内期货市场赋予我们的条件，也是期市相对于股市的优势之一。做日内期货交易比较容易控制风险，但做过夜仓就容易亏损，有时甚至是致命的。这正应了那句老话：夜长梦多。并不是长线就绝对不能做，只是对初学者来讲，日内交易更合适。

一般来讲，日内交易要重视以下三个要点，可以称之为日内交易的“三板斧”。

第一斧：把握并分析盘面时间点。

期货开盘价在 8:55—9:00 确定，作为一天的起点，它是多空双方经过考量、斟酌、博弈之后通过集合竞价方式产生的，除非国际上发生重大事件。开盘价主要受国内消息影响，因此大多顺延昨日尾盘而开盘。对于没有夜盘的商品，特别是国际性商品，一般来讲，外盘价格与国内品种价格之间有一个稳定的比值关系，投资者可以根据外盘的收盘情况，预测出内盘开盘价的大致范围。

开盘后 5 分钟主要是消化隔夜外盘以及消息面影响，期价存在过激反应，后面的时间主要是对过激期价进行修正。这时如果尚未进场，就踏踏实实观察一下。如果前期已经进场，除非遇到重大消息，足以影响基本面，否则不必过度反应，适度的振荡之后，价格会回到正常轨道上来。但经过修正后的开盘价，对一天的走势都具有重要的参考作用，所以通常把开盘后的半小时作为一天中最为重要的观察时段。

9:30—14:30 为多空拼杀阶段，也是一天中交易时间最长的时段。这段时间内资金的关注度以及多空方向的选择对价格的变化有着至关重要的作用，而成交量和持仓量是对资金偏好的外在表现，主要用于判断价格涨跌的持续性。

14:30—15:00 是多空力量的确认和尾盘修正阶段。经过第三个阶段的多空厮杀，日内多空力量已经得到确认，一般会体现出强者更强、弱者更弱的特征。但是，离收盘前 15 分钟内，价格一般会出现相反的走势，特别是收盘前 10 分钟，究其原因主要有以下两方面：一是日内炒单者选择平仓出局；二是大量资金通过对未来市场信息的理解和消化来预测明日价格走势，从而选择多空方向进入市场。两方面的因素相互影响，共同造就了尾盘的大幅波动。

第二斧：日内交易者的应有心态。

程咬金真正令人佩服的地方，不在于他的三板斧，而在于他的良好心态，不管是在战场上，还是朝堂上、市井间，他都能在控制住心态的情况下，控制住局面。

日内交易者也应如此，沉着冷静，气度优雅，坐在电脑前，让市场在自己面前一秒一秒展现，如果出现符合自己的交易机会就及时介入，如果没有就继续等待。赢了不喜形于色，输了不垂头丧气，错过不必懊悔，进退有据，章法有度，仅此而已。

很多人在模拟盘上做得很好，但一旦实战，就败得很惨，主要原因就是心态二字。模拟盘上，自己毕竟没有掏钱，全是虚拟数字，赢了输了都没有太多感觉。一旦实战，特别是遭遇挫败时，看着自己的账户始终处在亏损状态，并且数字在不断增加，心态马上不平和了。赔了就急于扳回来，扳回来了又舍不得走，赚了还想赚，思维混乱，进退失据，最终造成交易不成功。交易员必须有自己的原则并坚决执行，不论输赢，都不后悔，就像带兵打仗就不能怕死一样，做交易员也不能怕赔钱。有什么样的心态就去做什么样的事业，如果内心真的很怕赔钱，建议还是不要碰期货的好。

第三斧：日内交易的基本原则。

首先，要树立薄利的交易思想。日内短线不能贪，给自己规定一个合理的利润空间，达到目标时要立即出局，然后重新评判市场，耐心等待市场给出的下一次交易机会。我的经验是，做农产品及铁矿石、螺纹、热卷等品种时，每手收益以 100 元为顶点，不宜过多。

其次，尊重市场，顺应市场。日内交易员不能对市场有预判，心空才能接纳市场，融入市场中，顺势取利。在市场面前，要永远保持谦卑的姿态，在偌大的资金市场中，我们永远是无足轻重的，别以为自己那点小钱能改变趋势，激烈交锋下，庄家动辄几千手的大单也无能为力，何况小散户。

最后，精选符合自己交易原则和自己熟悉的交易机会，不打无把握之仗。

做到不出手则已，出手必胜。就像猎人，不能乱开枪，必须提前埋伏好，在猎物出现时，一击而中。日内交易由于获利微薄，要靠出手的成功率获胜，这一点尤为重要。如果一击不中，那就立即控制风险。猎人暂时打不着猎物没关系，但绝不能让猎物吃了。打得赢就打，打不赢立刻撤退，保存自己的有生力量，那么你至少还有下一次机会。

5. 期货市场的 24 条“军规”

期货市场上，有人赚也有人赔，因为它是个零和游戏，除非你是交易所和券商，否则无法确保自己稳赚不亏。在生活中，也总有人问我：做期货需不需要天分？你认为哪些人比较适合做期货？

确切地说，期货交易并不太需要所谓的天赋，至少不比足球、音乐、绘画等领域更需要天赋。相反，我认识的一些交易员，他们做得很成功，并不是头脑有多灵活，而是因为执行得非常到位。他们有严格的交易系统和交易计划，到了止损点，就让它自动止损，绝不手动一下。没到止赢点，也绝不对手动平仓。如果你设定的点位是合理的，又何必急在一时半会儿呢？如果非要说他们有所谓共同点的话，那就是他们大多从事过一个职业——军人。

事实上，期货市场也是一座知识密集型战场，资金对抗激烈，多空对垒凶猛，利益纠缠，复杂多变。在这个智慧与胆识的较量场，在这个人力、物力、财力的消耗场，交易员必须有章法，不能意气用事，逞一时之勇。

以下是我综合自己及一些朋友多年的交易心得，总结出来的一套“军规”，适用期货交易，也基本上适用于所有带 K 线的投资领域，希望对读者有所帮助。

(1) 在任何市场，第一阶段的总投资额必须控制在总资金额的一半以内。如果趋势对你有利，仅仅是这 50% 的资金，也足以让你赚得盆满钵盈；如果你看错了趋势，那么你也还有补仓的机会。切忌一上场就打光所有子弹，那样除非你足够幸运，否则终免不了缴械投降。

（2）在任何单一市场上投入的总资金，必须控制在总资金的20%以下。假如你有100万元，在期货市场总的投资额最多不宜超过20万元。其余的钱，你可以用30%炒股。剩下的资金，一半用来购买所购期货与股票的对冲产品，另一半就用来压箱底，不到万不得已，千万不要动。

（3）在任何单一市场上的最大亏损金额，必须控制在5%以内。特别是期货市场，到了止损点位就立即止损。亏一次不要紧，这样执行，你至少有几十次的博弈机会。如果总是控制不住自己的手，一再手动止损，可能会一次性赔光你所有的钱。

（4）在任何一个市场上投入的保证金金额，必须控制在总资金的20%—25%。举个极端的例子，我认识一个操盘手，他自成熟以后从来没有亏过，秘诀只有一个：百一开盘，也就是每次交易的金额只占总资金的1%。

（5）等趋势走出来再去交易。例如，在上涨趋势走到近一半时再逢跌买入，在下跌趋势走到近一半时再逢高买入。

（6）趋势走出来时，就让利益充分奔跑，只要设置好保本止损。如果是亏损，则把亏损限制在小额之内。对成熟的交易员来讲，亏损通常发生在趋势扭转之际。这时候损一单不要紧，等趋势进一步明朗再下单，损失很快就会回来。

（7）始终为头寸设置保护性止损指令，以限制亏损。

（8）要打有把握之仗，不要冲动下单，尤其是在首战失利的情况下。

（9）制订交易计划，并执行到底。

（10）奉行资金管理的各项要领。

（11）分散投资，但不要太分散，免得过犹不及，顾不过来。

（12）风险与收益的交换比至少要达到 3 倍，才可以去尝试。即使是做短线，也不要拿 10 元钱去赚 1 元钱。

（13）尽量不追加保证金，不把活钱扔到死头寸里。只要你有资金，你随时可以进场，任何时候都不要赌，不要有毕其功于一役的想法。

（14）只在盈利的头寸上加码，不跟亏损的头寸较劲。我看到过很多人想通过加码，一举挽回损失，结果却越陷越深。

（15）在平赢利头寸前，先平亏损的头寸。

（16）除了超短线交易之外，投资者应该在开市之前就做好交易计划，然后根据开盘走势适当调整。

（17）做相应的研究，要由长线逐渐过渡到短线，要由大局逐步深入到微观。

（18）进场点要尽量依托日线图，精准进场点可同时依托日线图、1 小时图和 15 分钟图。

（19）做日内交易之前，先掌握隔日交易的技巧。

（20）尽量别理会常识，别迷恋信息媒介的任何说法。

（21）踏踏实实，稳稳当当，做个安静的少数派。

（22）技术分析也好，实践经验也罢，都需要日积月累，在有足够经验前不要下大单。

（23）力求简约，复杂的不一定是好的，适合你的才是最好的。

（24）永远不要追单，不管行情多么诱人。

» 第十一章　贵金属——金银天然是货币

1．在贵金属里淘金

金属广泛存在于自然界以及我们的生活中，按照其价格的高低，通常将其分为贱金属与贵金属两大类。例如，常见的铁、铜、镍、铅和锌等，此外，锡、钨、钼、钽、镁、钴、铋、镉、钛、锆、锑、锰、铍、铬、锗、钒、镓、铟、铌、铼等，均属贱金属范畴。贵金属则主要指金、银和铂族金属（钌、铑、钯、锇、铱、铂）8种金属元素。它们大多拥有美丽的色泽，价格也昂贵。尽管近年来随着期货市场的建立，铁、铜等贱金属的投资属性日益上涨，但主要还是作为一种商品存在，投资属性远不能与金银等贵金属相提并论。

“货币天然非金银，金银天然是货币。”几千年来，人们对黄金白银痴迷留恋，时至今日，很多人在步入婚姻殿堂时，仍用金银首饰来“标志”爱情的忠贞和婚姻的神圣。事实上，这一现象的背后体现的是黄金白银作为硬通货的保值、增值功能。

尤其是黄金，称得上是贵金属中的贵族。人们推断，史前人类可能是被某条河流河床上冲刷出来的天然黄金的光泽所吸引，从而发现并逐步了解了黄金。在人类历史上，黄金是唯一横跨三个领域的特殊物品——它是货币，是金融工具，也是商品。至今仍是除美元、欧元、英镑、日元之外的第五大国际结算货币。

所谓贵金属投资，就是指投资人在对贵金属市场看好的情况下，通过低买高卖，赚取差价的过程。当然，如果投资人可以做空，如金银期货，也可以通过高买低抛赢利。另外，它们还是人们不看好经济前景时，可以采取的避险手段之一。

在贵金属投资中，尤其是黄金，基本上不用担心贬值，黄金的价值一直得到全球承认。如果资金周转不灵，可以把黄金进行典当，之后再赎回。相对于古董，黄金典当起来也很方便。前者需要提防赝品，而后者只需要一份检验纯度的报告。

黄金被称为“没有国界的货币”，被视为永恒价值的代表。在当前股市持续走低、我国 CPI 持续处于高位的情况下，炒股或者把钱存进银行的前景都不甚明朗，选择将闲散资金用于黄金投资，或许是个不错的选择。

除黄金外，银是最广泛被应用于首饰制作的金属。在首饰业中使用银主要出自两方面的原因：一是使用白银更加经济，毕竟它比黄金便宜得多；二是银具有美丽的金属光泽，用在首饰上能取得较好的光色效果。另外，白银还被广泛应用于工业领域，导电性最强，导热性、延展性都很高，反光率达 99%，耐腐蚀，质软，杀菌能力惊人。其价值也很高，因为银的本意就是“价值接近于黄金的金属”。

至于铂金，它同样是非常珍贵的贵金属，颜色亮丽，具有优异的延展性、耐磨性和耐酸性。但与金、银相比，铂金用于首饰制造的时间较晚，并且是很小众的投资品种，目前来讲并没有被广大投资者普遍接受，这里也就不做推荐了。

关于黄金投资，应该说大众都非常热衷，我们就算不推荐，也挡不住趋势。前几年面对来势凶猛的“中国大妈”，连华尔街的交易员都一度败下阵来。很多客户去券商那里开户，都宣称自己要做黄金，因为黄金保值功能强大的同时，波动也比较快，找好相关点位，很快就能赢利一小波。但我们也必须说，黄金投资市场也不是遍地黄金，弯腰就能捡。所以，投资黄金不能贸然进场，要练好自己的“金手指”，掌握必要的炼金术。进场后也要心平气和地进行操作，趋势不明朗时就先等待，做对了就颗粒归仓，做错了就及时止损。由于黄金受外界因素影响极大，所以这个市场永远充满机会，也永远充满风险，谨慎永远好过乐观。

目前来看，国内投资黄金的途径比较有限，正规的渠道有上海黄金交易所、上海期货交易所和商业银行。上海黄金交易所的贵金属产品有现货，还有“T+D”延期交易产品。这些产品可以在各大网上银行购买，开通即可。“T+D”交易，手续费是双向收取，大致在1.5%，准备金会根据点位随时调整。切忌满仓交易，万一被套且账户中的准备金不足，是会被强制出局的。银行亦有实物黄金等投资产品及“T+D”延期交易。期货交易所门槛比较高，一般是1000克一手起，适合资金量大且抗风险能力强的投资者。

白银投资则相对风险较小，首先是门槛低，期货交易一手只需几千元保证金，与做玉米、鸡蛋等农产品期货没太大区别，而且走势平缓，波动较小，适合经验不足、先练练手的初级投资者。

2. 黄金的优势与涨跌

在原始社会和封建社会，只有帝王和神灵才能享用黄金，就连金黄的颜色也只能为帝王所独享。后来，尽管黄金作为一种货币，参与到市场流通中，但它仍然只在豪门大族中流动，一般平民很难拥有黄金。不仅中国如此，世界各国亦然。

18 世纪初，英国建立金本位制度，此后黄金的货币功能发生了许多波折，黄金的价格也随之大幅波动。举例说明，1979 年 11 月，黄金价格从每盎司 400 多美元起步向上攀升，到 1980 年 1 月已达到 850 美元 / 盎司，3 个月时间足足涨了 1 倍还多！但没几个月，黄金又狂降到 450 美元 / 盎司。之后，黄金跌入长达 20 多年的低谷，直到 2002 年才重新走上复苏之路。同年，为适应市场需求，我国黄金市场正式开放，国家允许个人买卖黄金。到目前为止，我国黄金市场的规模和投资品种不断增加，已经形成了良好的发展态势，并逐步向着开放、完善的方向发展。

相对于其他投资领域而言，投资黄金备受欢迎，在于它具有以下几方面的独特优势。

第一，产权转移非常方便。转让黄金不受任何登记制度的约束，而转让其他投资产品（如住宅、股票等），则要办理过户手续。例如，我们准备将一套住宅和一块黄金送给子女，让子女把黄金拿走就可以了，转让住宅，则需要办理一些烦琐的手续。

第二，黄金市场没有庄家。股票市场很可能被人操纵，黄金市场却不会出现这种情况。黄金市场属于全球性的投资市场，任何一个财团或国家都不具备操控整个市场的实力。因此可以说，黄金市场是一个透明的市场。

第三，黄金是世界上最好的抵押品种。黄金是一种国际公认的物品，任何时候都不用担心没有买家承接。一般情况下，银行、典当行会给黄金评估价值 90% 以上的短期贷款，而其他抵押品（如住房抵押贷款），往往低于评估价值的 70%。

由于黄金具有以上独特优势，因此投资者炒黄金的积极性很高。另外，除中国投资者外，印度、土耳其、日本及越南等国家历来也痴迷黄金，对金币、金条的需求同样旺盛。再加上黄金供应有限，因此，近年来，黄金价格始终呈现稳中有升的趋势。

当然，把视线拉长，金价的暴跌也不是没有，而且还不止一次。1975 年、1983 年、1997 年黄金都曾出现过大幅度的下跌。1983 年的暴跌尤其令人印象深刻，仅 4 个交易日，每盎司黄金便跌去 105 美元，当时金价也不过 500 美元 / 盎司。

这样的暴跌，莫说普通投资者，一些大型金融公司或者实力稍差的国家，也同样难以承受。前面说过，普通人买黄金，主要看重的是其保值升值功能。近些年受国际机构操纵的一轮又一轮的下跌，让黄金的避险属性颇为尴尬，但这并不是黄金的避险属性出了问题，而是投资者过于追逐高回报所致。

黄金价格每天都在小幅波动，对那些短线投机者而言，随时随地都有风险。而且黄金投资既然是投资的一种，也不可避免地存在风险，只是风险相对较小而已。一般来讲，金价主要受政治因素、美元强弱、全球通胀压力、黄金供求关系、国际原油价格等因素的影响，当类似条件呈现出某种趋势甚至已直接爆发时，投资者仍不为所动，怎能没有风险？既然要投资黄金，这些影响黄金价格的因素就必须了解，因为它关乎我们的收益。

一是美元汇率。黄金市场有“美元涨则金价跌，美元降则金价扬”的规律，所以美元汇率是黄金涨跌的重要参考因素。如果美元走势强劲，一般代表美国国内经济形势良好，美国国内股票和债券将得到投资者竞相追捧，黄金作为价值贮藏手段的功能受到削弱。当美元汇率下降，则往往与通货膨胀、股市低迷等有关，黄金的保值功能又再次体现而金价上升。

二是战争或局势震荡。过去人们说“大炮一响，黄金万两”；现在人们则说“大炮一响，黄金暴涨”。例如，“二战”时期，金价就有不同程度的上升。人们说黄金避险，避的主要就是人类战争。另外，国际上重大的政治事件、人道主义危机、经济冲突等，也都会影响金价。

三是通货膨胀。如果通胀率在正常范围内变化，对金价的波动影响并不大。只有在短期内，物价大幅上升，引起人们恐慌，货币的单位购买力下降，金价才会明显上升。例如，近期的委内瑞拉，货币贬值近乎为零，在这种情况下，尚有富裕的人就会采购黄金，至少此时黄金的理论价格会随之上涨。为什么这种情况对全球投资者没有太大影响呢？这主要是因为委内瑞拉是个小国，如果是美国出了这样的状况，黄金马上就会供不应求。所以，看到相应的消息面，要具体分析它的影响深度及广度。

四是利率。利率与黄金有着密切的联系，通常与金价成反比。因为投资黄金不会获得利息，其投资的获利全凭价格上升。因此，在利率偏低时，投资黄金会有一定的益处；但在利率升高时，收取利息会更加吸引人，无利息的黄金投资价值就会下降。如果银行的利息提高，并且政府公信力强大，如美国，在美联储（美国联邦储备系统，Federal Reserve System，Fed）加息时，美元就会被大量吸纳，金价势必受挫。

五是黄金产量。黄金的价值一定程度上基于它的稀缺，金价是基于供求关系的基础之上的。如果黄金产量大增，金价会回落。如果黄金产量减少，或者出现矿工长时间罢工等情况，金价就会上升。此外，新采金技术的应用、新矿的发现，均会使黄金的供给增加，表现在价格上当然会令金价下挫。目前，世界上主要的产金大国是南非、美国、澳洲和中国。对黄金乐此不疲且需求量非常大的国家是印度、中国以及东南亚地区，近年来日本、韩国也出现了黄金投资热潮。相关国家或地区的任何有关黄金的消息，都可能导致金价上涨或下跌。另外，各国央行的储金量也需要关注。

3．金条、金币与纸黄金

在黄金投资领域，人们习惯将其分为硬黄金和软黄金。硬黄金也称实物黄金，包括有形的金条、金砖和金币；软黄金也就是纸黄金。下面逐一进行介绍。

金条和金砖，一般统称金条，如果没有其他特别之处，金砖不过是大型的金条罢了。市场上的实物金条不仅重量非常标准，发售渠道也很统一，回购的渠道也很方便，回购费率相对也较低。另外，投资黄金不用交税，还可以在世界各地得到统一报价。虽然金条、金砖也会收取一定的制造加工费用，但这笔费用通常情况下是很少的，可以忽略不计。

需要提醒投资者，这里所讲的金条与金砖，都是指纯黄金。既不等同于黄金首饰、工艺品、艺术品，也不等同于那些工艺品式的金条。可以这么说，工艺品黄金上的任何一条花纹，那都是有溢价的。艺术品没法用金钱来衡量，因此，艺术品投资始终是小众。这里给出一个简单的判断标准：实物金条的报价是以国际黄金现货价格为基准的，手续费、加工费很少，当你购进的投资型金条在同一时间报出的买入价和卖出价很接近现货价格时，说明你购进的就是纯金条。反之，无论对方打着什么幌子，准备多少说辞，只要它的价格与黄金现货价格脱钩太远，溢价很高，都意味着它里面包含比较昂贵的加工费，此时我们的投资已经不再是单纯的纯黄金投资，而是工艺品投资了。

投资黄金，只有投资型金条才是投资实物黄金的最好选择。一般来讲，它比较适合有较多闲散资金且可以进行长期投资的人。至于普通家庭，则比较适合黄金定投。黄金定投也叫黄金积存，简单来讲就是建立固定的投资计划，按照一定的频率，分笔购入一定黄金，不必因担心黄金走势不确定而持观望态度。它正如存款，你不投资也是要存款的，每个月买 2 克黄金，谁都买得起，如能坚持连续买 10 年，本身就已经很可观了。反正每月用来定投黄金的那些钱用于存款也没多少利息，用来买黄金，还能在黄金涨价时更划算地兑现。现今很多银行都推出了适合工薪阶层的黄金定投产品，门槛比较低，买入卖出都很灵活，周期结束时投资者可以选择变现，也可以提取实物金，一般就是金条。它不仅可以当作传家宝，更重要的是实物在手，让人心里更踏实，升值也只是早晚的问题。中国大妈们也正是基于这样的理念，才敢在国际机构做空黄金时果断出手，并且毫无悬念地完胜对方。除此之外，它也适合刚出来工作的年轻人。年轻人想存点钱，为以后打下基础，但活期通常存不住，不经意间就会取出来花个精光。而黄金定投具备强制储蓄功能，每月会自动从账户上扣钱，这样每个月做小额定投，不仅没压力，也会不知不觉间存下来一笔钱，有效规避成为“月光族”。

当然，黄金定投并非只赚不赔。从资产配置的角度来讲，黄金投资占到家庭或个人的总资产 5% 左右是合理的配置，这 5% 也不用一次到位，可以每年买一点点，分批到位，价格高时还可以抛一部分，总之非常灵活。

至于金币，顾名思义就是金制货币。

古人很早就开始使用金币，人类历史上有很多国家在相当长的时间以金币为官方货币。在现代，金币主要是以收藏品的面目出现，尽管它依然属于法定货币的范畴。

金币属于法定货币，一方面决定了它不只有商品属性，同时兼具货币属性，因此它比普通的实物黄金更具稀缺性与流动性，更具价值；另一方面由于金币是国家发行的，所以不能假冒，因此投资金币不必担心像收藏艺术品那样担心买到假货。这样说不等于将金币排除于艺术品与收藏品之外，事实上，很多金币之所以备受推崇，不仅在于它们的质地，还在于它们的艺术价值和历史意义。古人说得好"盛世古董，乱世黄金"，金币可谓盛世乱世皆宜。

当然，投资金币优势虽多，但都是建立在黄金的保值功能基础之上。这就引出了一个问题：黄金跌价，金币会不会跌呢？综合来看，金币与黄金的价格在短期内是有可能相互关联的，但随着时间的拉长，金币与黄金的价格就不一定会有关联了。例如，20 世纪 80 年代，国际金价步入高点后，随即进入近 10 年的熊市，某些金币的价值却是上涨的。

这里所谓的"某些"，就是指那些最具投资价值的金币。目前，世界上有五大公认的投资金币，它们分别是中国的熊猫金币、美国的鹰洋金币、加拿大的枫叶金币、南非的克鲁格金币和澳大利亚的袋鼠金币。此外，比较知名的还有英国的不列颠金币、奥地利的音乐金币、墨西哥的自由女神金币、新加坡的狮子金币等。

在这些林林总总的金币中，中国的熊猫金币最具收藏价值，这并不是自卖自夸，而是收藏投资界的共同认知。30 多年来，熊猫金币以其独特的选题、奇美的图案、栩栩如生的画面处理、精湛的铸造工艺、标准的成色、齐全的规格、超群的质量等优势，赢得了国内国际专业人士的一致赞誉和好评。以 1991 年发行的 5 千克熊猫金币为例，它发行时约为 70 万元。2011 年在拍卖会上，拍出了 1030 万元的高价！2017 年春，一枚 2002 年的 1 公斤熊猫金币以 8 万美元的高价成交，折合人民币 65.9 万元。有人问，为什么后者溢价不如前者呢？主要是时间短，相信在未来熊猫金币会有更大的升值空间。

最后，来说说纸黄金。

纸黄金也被称作黄金凭证，它是一种权证，相关交易只在投资者预先开立的个人“黄金存折账户”上体现，不发生实金提取和交割。其优点是投资者可以随时交易，在价格的连续性上很有优势。目前部分银行的纸黄金业务也实现了双向交易，在一定程度上提供了更多的做单机会。但纸黄金属于全额资金交易，入市门槛比较高，灵活性较低。同时，它的风险较低，回报率也相应较小。此外，纸黄金的交易成本更低，因为可以节省实金交易必不可少的保管费、储存费、保险费、鉴定费及运输费等费用的支出，从而排除了黄金价格中的额外费用。

4．方兴未艾的白银投资

通常认为，黄金是最早被拿来铸币的贵金属，其实不然，在黄金之前，白银已被更早地应用于造币并进入流通领域。因此，很多国家的货币历史上都出现过银本位制时代，也都曾把银币作为主流货币。前文也提到过，今日白银早已不再是硬通货的主要材质，但人们还是会沿用一些“白银时代”留下来的概念，如银根、饷银等。

自古以来，白银就与黄金一起被当成财富的象征。与此同时，白银还扮演着避险资产和工业金属的双重角色。举个极端的例子，当年美国人研发原子弹时，为了回旋加速器的电磁线圈，仅白银就用了 12280 吨。正因为同时具有上述两大特性，白银的价格才会在“后白银时代”依然坚挺。

不过，当前白银的估值整体来看是被低估的。同时这也意味着投资金银未来有不菲的回报。

在让位于纸钞之后，白银的价值始终低迷。不过，随着近年来白银的投资属性逐渐回归，白银市场正在吸引着越来越多的投资者。白银的投资需求每年以 50% 以上的速度增长。目前，白银已成为全球普遍接受的投资产品。白银的全球产量增速也比较慢，每年的最高增幅不足 5%，并且不易回收，工业用银方面容易损耗。加之白银的金融属性虽不如黄金，但也高于其他同类产品，在通胀不可避免的大背景下，白银报价偏低，参与门槛也较低，普通老百姓完全可以参与，其需求市场空间会更加巨大。

投资白银，必须留意黄金。一个很重要的逻辑是，随着黄金在世界上库存量的下降，未来黄金供应量的增长速度必将无法满足需求量的增长。因此，以目前的银价来看，长期看涨。投资白银需要注意的一切关键点，与投资黄金大致相同。但白银毕竟不是黄金，两者之间存在区别，笔者把它们罗列在下面，供投资者参考。

第一，白银更具炒作性。白银市场规模远远小于黄金市场，仅是黄金市场的几分之一。规模小，意味着盘子小，流动性相对高得多。如果把黄金市场比成股市中的超大盘股，白银市场更像一只小盘股，走势上振荡比较大，炒作性和趋势延续性更强。

第二，白银的波动性比黄金高。从历史上看，与黄金相比，白银价格具有更大的波动性，其原因在于白银市场更小的容量以及更高的投机倾向。从增量需求的角度看，白银每年的需求总量按价值计算仅为黄金的 15%，而从存量保有的角度看，由于历史上开采的白银大部分已被消耗，其地表保有量按价值计算明显低于黄金。同时，由于白银的存量更分散，回收成本也更高，导致相当一部分白银存量被“固化”在首饰或银器中。因此，同样的资金量在白银市场中产生的冲击要大得多。这也直接导致白银市场的波动性明显高于黄金。对投资者来讲，这意味着低买高卖的机会。

第三，白银的工业需求比黄金大。在工业领域中，白银的使用范围远高于黄金，所以白银价格受工业需求的影响远大于黄金。如电子电气、感光材料、医药化工、消毒抗菌等，近年在新兴产业如光伏领域的使用也有所加大。国际白银协会的数据显示，每年大约有 51% 的白银消费在工业领域，这一比例远高于黄金。在投资市场火热的时候，人们往往只看到白银的金融属性，而忽视了白银也是一种“很有用的贵金属”，有很强的工业属性。这种工业属性不仅没有消失，反而可能在某些重要时刻被突然强化，反制其金融属性。

第四，黄金和白银敏感度不同。黄金在货币变动方面比较敏感，如利率的走势、通货膨胀、美元的升值和贬值等。白银则是与工业方面密切相关，对经济方面比较敏感，如制造业、生产力等。

» 第十二章 信托——再小的家庭也要传承

1. 信托的起源与发展

所谓信托，就是信用委托的意思，以信用为基础，一般涉及三方面当事人，即委托人、受托人和受益人。信托是一种法律行为，也是一种金融制度，与银行、保险和证券共同构成了现代金融体系。

很多现代的东西都起源于英国，成熟于美国，信托也不例外。不过类似的行业则可以追溯至很早。例如，公元前2548年，一个古埃及人写下遗嘱，指定自己死后由妻子继承财产，受益人为儿子，并为儿子指定了监护人，这是与信托有关的最早的文字记录。《罗马法》中也有相关记载：在按遗嘱划分财产时，可以把遗嘱直接授予继承人，若继承人无力或无权承受时，可以按信托遗赠制度，把财产委托或转让给第三者处理。可以看到，这里已经直接使用“信托遗赠”这个比较完整的信托概念了。

英国式信托起源于英国的“尤斯制”，被普遍认为是现代信托的雏形。而尤斯制的创设，要上溯至13世纪的英国封建社会。当时英国实行君主统治，且全民信教，为了死后能够上天堂，英国民众往往会留下遗嘱：将生前的私有土地在死后部分或全部赠予教会。如此，教会的土地不断增多，政府的税收则不断减少，因为教会的土地是免税的。为此，英王亨利三世颁布了一个《没收条例》，规定：凡把土地赠予教会的，要得到国王的许可，凡擅自出让或赠予者，要没收其土地。幸好当时的英国法官也是教徒，为了帮教会摆脱不利处境，他们参照《罗马法》中的信托遗赠制度，创造了“尤斯制度”：凡是想把自己的土地赠送给教会者，不必直接赠给教会，而是先赠给第三者，并表明其赠送目的是为维护教会的利益，第三者也必须把从土地上所取得的收益转交教会。后来，封建制度崩溃，资本主义确立，再加上契约关系、商业信用和货币信用的扶助，最初的尤斯制逐渐演变为现代信托。

19世纪初，信托制传入美国，不久就催生了以盈利为目的的金融信托公司。1822年纽约农业火险放款公司成立，即后来的农民放款信托投资公司，也是世界上首家信托投资公司。随着信托业的持续发展，美国逐渐成了全球信托业最为发达的国家。无论是信托资产的规模，还是信托产品的丰富性，抑或是监管体系的完备性，包括信托创新，美国都遥遥领先于其他国家。在美国的金融体系中，信托机构与商业银行享有同等地位，这种理念与做法也是远远超过其他国家的。

信托业进入中国的时间并不算晚，最早可追溯到20世纪初。但将信托制度以法律的形式确立下来，则是在改革开放以后，目的是弥补单一银行体系的不足，利用社会闲置资金，引进外资，拓展投资渠道，为经济建设提供金融助力。

具体来说，就是2001年出台的《中华人民共和国信托法》，其第二条对信托的概念进行了完整的定义：信托，是指委托人基于对受托人的信任，将其财产权委托给受托人，由受托人按委托人的意愿以自己的名义，为受益人的利益或特定目的，进行管理或者处分的行为。所以，简单地说，信托就是“受人之托，代人理财”，这是一个相对去粗存精的定义。但在世界范围内，各国对信托的定义并未达成完全的共识，在实践中必须加以留意。

例如，信托大家庭中的公益信托。在英国，不仅公益信托本身享有税收减免的优惠政策，对于公益组织所销售的他人出于慈善目的而捐赠的物品，也可以免征增值税等；在美国，最具特色的是公益剩余信托，它允许捐款人从该信托产品中获得一定比例的收益，以满足自身和家庭生活的需要。另外，由于美国的遗产税极其高昂，而通过设立公益信托可以免交遗产税，所以美国公民有着强烈的捐赠意识。美国富人更是乐此不疲，比较著名的有卡耐基基金会、盖茨基金会、扎克伯格基金会等。

2. 五花八门的信托产品

信托自问世以来，历经数百年的发展，衍生出了五花八门的信托产品。从理论出发，信托可以对资金、有价证券、动产、不动产、知识产权等各类财产和财产权进行管理、运用和处分，又可以从事投资、贷款、出租、出售、同业拆放、项目融资、公司理财、财务顾问等多方面的业务。下面，我们选取一些比较主要的品类进行介绍。

一是以信托关系成立的方式为标准，可将信托分为任意信托和法定信托两大类。

其中，任意信托是指根据当事人之间的自由意愿表示而成立的信托，又称自由信托或明示信托，其核心即是自由自愿，大部分信托业务均属此类；法定信托与任意信托相对，主要指由司法机关确定当事人之间的信托关系而成立的信托。法定信托可以理解为，信托的当事人之间原本并没有成立信托的意思，司法机关为了当事人的利益，根据实际情况和法律规定，判定当事人之间的关系为信托关系，无论当事人自己意愿如何，都要服从司法机关的判定。其目的主要在于保护当事人的合法利益，防止当事人财产被不法使用。需要注意的是，法定信托通常不是永久性的，只是权宜之计。如某人去世，留下遗产并且没有任何遗言，这时候三亲六故都跑来争遗产，而法庭判定遗产的分配需要一定时间，在这段时间内遗产不能无人照管，这时就可以委托一个受托人在此期间管理并保护遗产。

二是按信托财产的性质划分，信托业务可分为金钱信托、动产信托、不动产信托、有价证券信托和金钱债权信托。

其中，金钱信托也称资金信托，其核心就是金钱。无论是设立信托时委托人转移给受托人的信托财产，还是受托人提供给受益人的相关利益，以及信托终了时受托人交还的信托财产，都必须是货币，而不能是房产或股票等其他资产。由于其简单实用，所以在世界各国信托业都运用得比较普遍。同理，有价证券信托和不动产信托所对应的核心内容，分别是有价证券及其相关权利（如分红权、投票权）和各类不动产。动产信托主要是指以各种动产作为信托财产而设定的信托，通常来讲主要是各类机器设备，如某公司把自有机器设备托付给某信托公司出租，这样既免于设备闲置，也获取了相应收益，同时节约了管理费用。金钱债权信托则是指以各种金钱债权作为信托财产的信托业务，具体表现为各种债权凭证，如银行存款凭证、票据、保险单、借据等。

三是按信托目的不同，可分为担保信托、管理信托、处理信托、管理和处理信托。

担保信托指以确保信托财产的安全、保护受托人合法权益为目的而设立的信托。其重点是保证信托产品的安全与完整，并不在于运用信托财产去获取收益。管理信托则是指在保护信托财产完整的基础上，同时获取相关收益的信托方式。举例来讲，如果信托财产为一栋大楼，担保信托只需保证大楼的原貌即可，不允许出租；而管理信托则允许将大楼出租，二者共同点是不能变卖或置换受托的财产。处理信托则更进一步。继续以上例中的大楼为例，处理信托允许受托人将房屋出售，换取现金、有价证券或其他资产。管理和处理信托兼具管理信托和处理信托两大功能，通常是先管理，再处理，但委托人的原始初衷及最终目的都是处理资产，之所以先管理，多半是因为缺少一个合适的价格和买家。

四是按法律层面划分，可分为民事信托和商事信托。

民事信托指信托事项所涉及的法律依据在民事法律范围之内的信托。信托在英国发展阶段基本上不出民事范畴，包括民法、继承法、婚姻法、劳动法等。商事信托则是在美国发展起来的一系列信托，所涉及的法律依据主要在商法规定的范围之内，包括公司法、票据法、海商法、保险法等。

五是根据委托人的不同，可分为个人信托和法人信托。

个人信托是指以个人为委托人设立的信托，其中又分为生前信托和身后信托两大类。生前信托基本上都与个人财产的管理和运用有关，受益人可以是别人，也可以是自己。身后信托泛指委托人去世后方可行使的各类信托事务，多与执行遗嘱、管理遗产有关，受益人只能是别人。法人信托大多与法人的经营活动有关，如企业发行债券、销售设备等，通常牵涉较大财产数额。个人作为受托人难以承担这样巨大的责任，所以才寻求法人信托，如信托公司、银行等大金融机构。

六是从受益人角度，可将信托分为自益信托、他益信托、私益信托、公益信托四类。

自益信托属生前信托，否则委托人将无法作为受益人享受相关收益。他益信托即指定除委托人以外的第三人作为受益人而设立的信托，最初的信托主要就是以他益信托为主。私益信托指委托人为了特定受益人的利益而设立的信托，如企业为本企业职工设立的雇员受益信托。尽管有时候因为覆盖面很广使它看上去不像是私益而像是公益，但终究还是私益。因为其受益人仅限本厂职工，而不是全社会。同时，其终极目的在于使职工更好地为企业服务，进而使企业获益，同样不是为了全社会。

3．打破“富不过三代”的魔咒

中国大多数富人和中产阶层起家于20世纪80年代，现在即使没到退休年龄，也已经是人到中年。如何将苦心打拼多年的事业和财富传承下去，已成为他们迫在眉睫的问题。众所周知，中国有所谓“富不过三代”的古老魔咒，但现在别说三代，富二代都已经成了社会问题。如何把财富传承孩子，又不致让孩子们躺在财富温床上犯错误？这个问题始终萦绕在人们心头。

有人说，只要聘请职业经理人即可。但其实不论是国内还是国外，子承父业都是主流。唯一有所不同的是，国内没有家族信托制度而国外很早就有了。据了解，日本的百年企业竟有两万多家；罗斯柴尔德家族、摩根家族等世家，财富传承也早已超过了三代。

所谓家族信托，是一种围绕着高净值和超高净值客户服务，保障其财富稳定性的一种金融模式。不同于普通的信托或基金，家族信托除投资理财功能外，还承担着应对离婚、死亡等市场以外的不确定因素，同时也更加注重财富的长期稳定，往往持续上百年，经历数代人。

其实古人所谓的“三代”，并非就限定了一个确切的时限，而是表达富贵难以长久。究其原因，不外乎两点：一是有钱人的后代从小享受祖、父辈的福荫，饭来张口，衣来伸手，进取心消失殆尽，长辈再不注意引导，溺爱娇纵，不成败家子都难；二是相应的家族财富传承大多停留在表面上，没有有效规划和科学理财，导致经过一代代传承，财富也慢慢减少。毕竟创业难，守业更难。

在引入信托制度前，富人的财富传承方式主要有自然传承、遗嘱传承和保险传承三类。其中，自然传承的缺点非常明显，容易引起子孙后代争产、家族成员纷争，也无法规避很多国家都征收的遗产税。遗嘱传承比自然传承进步了不少，但就像很多文学作品以及真实事件所反映的，遗嘱的真实性往往受到质疑，如口头遗嘱、书面遗嘱以及公正遗嘱等。订立遗嘱的人一旦不在，那么先进的造假手段和人的趋利性马上就会挑战相应的遗嘱。如果财产所有人在立遗嘱时对子孙有所偏爱，厚此薄彼，那么子孙反目将在所难免。加之遗嘱继承人的法定时效是 2 个月，如因不可抗力或人为因素导致继承人 2 月内没有做出意思表示，则被视为放弃继承，而这势必又会造成一系列的麻烦和牵扯。保险传承看似不错，指定了受益人，也能避免高额遗产税，但也有其弊端，那就是不能处置非金融资产，保险金在一定时间内是封闭的，不能随意领取，保单流动性差，限制了财富灵活性，等等。

了解了以上几种传承方法，才知道信托传承是最好的家族财富传承方式。

以洛克菲勒为例：

洛克菲勒财团的创始人约翰·洛克菲勒 16 岁便开始独自谋生，从一份簿记员的工作做起，到建立标准石油公司并垄断全美石油业，最终成为美国史上第一个10亿富豪。1895 年，56 岁的约翰开始引退，把事业交给他的儿子小约翰·洛克菲勒。到现在，洛克菲勒家族仍是美国最富有的家族，且经历六代人，从未引发任何争产风波。究其原因，就在于小约翰选择了以信托的形式将财富传承给后代。洛克菲勒家族的信托本金会自动传给受益人的子女，委托人把资产注入信托之后，即在法律上完全失去该资产的所有权以及控制权。受益人在 30 岁之前只能获得分红收益，不能动用本金，30 岁之后可以动用本金，但要信托委员会同意。这种机制使遗产始终是一个整体，家族企业既不会因为分家而变小或终止，也不会因为代代传递而被逐渐分割成若干部分，还可以发挥规模优势，获得更好的经济效益。此外，洛克菲勒家族的后代中，只有凭自己实力才能担任一定的职务。这也是为什么洛克菲勒家族始终人才辈出的原因。

20 世纪 80 年代之前，中国大陆基本上无富豪和中产可言，所以也就没有滋生家族信托的土壤。但在中国香港、中国台湾地区，受欧美影响，家族信托早已不是什么新鲜事，如李嘉诚、邵逸夫、杨受成等都有了家族信托。而随着信托业发展得风生水起，也成功吸引了内地一些企业家和艺人。近年来，内地富人们越来越多地将目光放在了家族信托这条康庄大道上，信托业的发展也逐渐从无到有、从有到优。相信在不久的将来，“富过三代”将不再是什么新鲜事儿。

4. 精明强悍不如富有远见

香港有一个有80年历史的商业家族——冯氏家族。该家族企业创始人冯学洪有四个儿子，都对商业感兴趣，也都有创业精神，但商业兴趣不一，经营能力也高低不等。于是，在创始人冯学洪退休之际，在不完全分家的情况下，想出了以股权分配为主的家族传承方法。他将家族产业分成四个不同的类别，分别交由四个儿子进行控制管理，有各自独立负责区域，但彼此又互通有无、互通信息。股权分配上，每个儿子只控制相应企业75%的股权，剩下的25%由其他三兄弟平分，如此形成了四兄弟彼此交叉持股的态势。这种方式使得企业的四大分支又拥有所经营企业的绝对控股，享有高度自治与自我激励，避免与其他分支协商的成本和内部摩擦，无疑是解决家庭成员众多情况下的股权设置及财富传承的好方案之一。

事实也证明这个股权方案是成功的。冯氏家族交叉持股的态势一直成功地持续了整整40年。

随着各分支子女长大成年，继承者们越来越多，股权也就更加分散。到了第三代，股权可能分布在数十人手中，大家都没有对企业形成有效控制，这该如何是好？起初，冯氏家族的解决办法是股权回购。于是，冯氏家族中最有本领的两兄弟冯国纶、冯国经，审时度势，向银行借款60亿元，将分散在35个家族成员手中的股权重新收集起来。但事后两兄弟也坦言，因为收购亲戚股权，使得亲戚反目，大家族分崩离析。由此可见，股权分配与股权回购都解决不了根本问题，特别是在当初股权设置不合理的情况下。

精明强悍不如富有远见，真正让人一劳永逸的还是家族信托。考虑到数十年后，当冯氏两兄弟老去之际，子女更多地繁衍开来，相同境遇又重现的话，冯氏子孙难以避免相应的悲剧。最终，快要步入古稀之年的冯国经拿出了50%的股份，委托摩根大通信托进行管理，将家族股权信托化，冯氏家族的传承才算进入了“安全罩”。

如前所述，家族信托在欧美已有数百年历史，但在中国还是个比较新鲜的事物。家族信托是以法律架构管理委托资产的一种形式，所有的有价资产，如房地产、股票、珠宝等都可以转入信托。家族信托通常严格限定转让权，如股权不能转让，或委托人及受益人死亡后才能转让，这样的好处是有效集中股权，帮助家族后代维护家族对企业的控制，保证企业不被外部兼并，维持家族基业长青。在国外，信托可纳入的财产种类更多，如现金、房产、股权、各种环球基金、政府债券、金融产品甚至古董等各类资产均可纳入信托。同时，国外发达国家基本上都有相对健全的信托法律。

虽然信托具有上述种种优势，但因为信托通常需要进行永久绑定，如果家族后代成员对企业发展问题产生矛盾而他们的收益又被紧紧地绑定在一起，无法分开，长此以往势必会造成巨大的内耗。所以，家族信托基金成立的前提是拥有和谐的家族关系。

另外，国内由于实践较晚，家族信托目前还不是特别成熟。最主要一点是门槛较高，没有上亿资金，就不要谈论这个标配。而这一点在限制了中产的同时，也使许多人对家族信托的概念理解不透彻。其实，未来家族信托的门槛肯定会降低，因为这方面的市场非常广泛，再小的家庭也需要传承。就像今天的银行存款与股票一样，几乎每个中产家庭都绕不开，未来每个中产家庭可能都会拿出相应的资产进行信托，这个市场不是“鸡肋”，而是十足的“大蛋糕”。这个市场肯定会有人抢占，而且会非常激烈。

目前来看，中国人操练家族信托这样的“洋枪大炮”并不顺手，所以在此建议有条件的中产家庭或更有实力的家族，在建立家族信托时，不仅要关注收益权分配，也要考虑相应的决策权归属问题。另外，家庭和谐、信托的解散期、家族治理的程度也是需要考虑的重要因素。最重要的一点是，就像案例中的冯氏家族一样，不管选择哪种传承方式，都要因时而变，根据事态发展和变化，及时更改或解散信托，并根据新的业务情况重新设计。

下 篇

配置个人资产，规避理财陷阱

» 第十三章　理财，让你的财富为你打工

1. 投资理财的真正意义

马克斯·韦伯说过:“人是悬挂在由他自己编织的意义之网中的动物。”这句话很形象,生活中很多人的行为,在常人看来不可理解,他们自己却乐此不疲。因为对他们来讲,那是生活乃至人生的意义所在。换言之,“意义”是个非常不错的切入点,无论是研究人,还是探讨事。

那么,投资理财的真正意义是什么呢?

记得有一次,我与一位朋友探讨人生愿景时表示:我的愿望就是将来有足够多的金钱,开一家大餐馆,不求大赚一笔,只愿五湖四海认识我的朋友们,可以时不时地在自家餐馆里聚聚,想吃什么就吃什么,想吃多久就吃多久……之前我自认为这个愿望是很不错的,接近于孔融的“座上客常满,樽中酒不空”。但当我听了那位朋友的愿景后,觉得自己层次太低了,他的愿望——当钱足够多的时候,捐建一所希望小学!

此处姑且不论谁更高大上些,但前提是一样的:足够多的钱。没有钱,再美好的愿景也无法实现。所以,投资理财的根本意义在于,让你可以去做自己想做的事。换句话说,投资理财的意义在于追求不匮乏的丰富人生。它以经济学为精神、会计学为基础、财务学为手段,是一门非常实用的科学与哲学的融合课程。

同样是人,为什么有些人整天披星戴月、忙忙碌碌,却始终赚不到钱,甚至连生活都成问题;另一些人,不仅能赚到钱,还享受着诗和远方;还有一种人，他们不是没有赚钱的能力，甚至不是没有赚过大钱，最后却没有余下多少钱。虽然各有各的原因，但最关键的还是没有理财的理念和相应的技巧。

研究亿万富翁们的发迹史可以发现：他们之所以雄踞财富金字塔的顶端，不仅在于他们会赚钱，更重要的是因为他们善于投资、擅长理财。

一位世界富豪曾坦诚地忠告那些想富而未富者："假如这些年来，你们过的仅是够糊口的生活，那是因为你们还未学会理财之道，或者还未掌握理财的窍门。"

以"道"为内核的中国传统文化，或多或少存在刻意让人忽视财富的嫌疑，导致很多人形成了这样一个认知：历史上很多文化名人，大多学富五车而囊中羞涩。那么问题来了，学富五车，是否包括投资理财方面的学问？如果没有，再碰上一个不重视文化的时代，文化就是无价也无市的屠龙术。试问有谁不希望自己的生活美满且富足呢？

相对古人，现代人更应该就这个问题好好询问一下自己。毕竟，今时不同往日，现代社会不允许人们像古人那样仅仅靠着男耕女织就能和和美美地过日子。钱，是财富的象征，是生活品质的保证，也与个人价值息息相关。很多人不就是直接把财富与成就感挂钩吗？这无可厚非。如果有人穷得一塌糊涂却认为自己很有成就感，那才叫笑话。

美国心理学家马斯洛的需求理论告诉我们，人类的需求是有层级之分的：在安全无虞的前提下，追求温饱；当基本生活条件获得满足后，则要求得到社会的尊重，并进一步追求人生的理想，也就是他所认定的意义。但这所有的一切，都必须建立在不匮乏的财务基础上。因此，任何人都要认识到理财的重要性，并通过一套适合自己的理财规划，逐步达成自己的目标。

著名理财专家黄培源先生在研究了世界上大量的致富者后，得出一个结论：世界上的有钱人分为三类：第一类有钱人是天生的；第二类有钱人靠的是创业；第三类有钱人则是通过理财。

诞生富贵之家的人毕竟是少数，通过创业致富的人所占比例也不过7%。因此，理财才是大多数人最佳的致富途径。

美国投资专家彼得·林奇说："你将来的财富不只取决于你目前赚了多少钱，而是你能拿多少钱去投资。"这句话意味深长，应该认真思考。正因为理财的重要性，才有这么一句格言：花一分钟时间赚钱，花两分钟时间理财。资金，就是用来投资的，绝不能让它睡大觉。人们之所以嘲笑并且鄙视那些只懂得把钱埋在床底下的守财奴，不仅在于他们不懂得理财的真正意义，还在于这种行为对整个社会有害无益。金钱如水，要流动才能增值。金钱会慢慢流向那些愿意储蓄并懂得让资金流动的人。

财富是人类创造出来的，所以它通人性。金钱愿意为懂得如何运用它的人而工作，会留在懂得保护它的人身边，会从不懂得管理它的人身边溜走，也会从那些渴望暴利的人身边溜走。尽管我们知道，追求极大化是"经济学"的基本精神。但同时我们也要谨记，依照客观事实做财务记录是"会计学"的基本原则，而"财务学"的主要课题是资金的筹措及运用。"个人理财"正是这些学问综合运用的具体呈现，不建立在知识前提下的理财，势必会让人很受伤。

2. 投资、投机与理财

什么是投资？什么是投机？什么是理财？这是进行理财前首先要搞清楚的三个问题。

现实中，有太多的人，由于不了解上述问题的实质，更谈不上把握三者之间相互独立又彼此纠缠的复杂规律，看似胜券在握，实则全凭运气。赶上一波行情，恰好站到风口上，坐上财富的顺风车，他们就跟着大势赚一笔；不幸撞到枪口上，伤心亏钱也就罢了，他们甚至亏完了本金，连怎么亏的都搞不清楚。

要知道，人首先是消费者，其次才是劳动者。劳动了，就应该消费。但消费与投资相对立。简单来讲，消费是现实享受，放弃未来的收益；投资是放弃现在享受，获得未来更大的收益。

投资几乎与人类文明同步。举个非常简单的例子：在原始社会，人们捕获了小兽，并不会当场杀掉，而是把它们养大、繁衍并驯化，从而得到更多食物，或利用其力量、特长，更好地服务于人类生活。这就是投资的雏形。

原始人是小兽生小兽，现代人则是钱生钱，本质上并没有什么不同。

富兰克林在《给一个年轻商人的忠告》中说过：

切记，金钱具有滋生繁衍性。金钱可生金钱，滋生的金钱又可再生，如此生生不息。五先令经周转变成六先令，再周转变成七先令三便士，如此周转下去变到一百英镑。金钱越多，每次周转再生的钱就越多，收益增长也就越来越快。谁若是直接把一头下崽的母猪杀了，实际上就是毁了它一千代；谁若是糟蹋了一个五先令的硬币，实际上就是毁了所有它本可生出的钱，很可能是几十英镑……

在我们看来，几十英镑或许算不上财富。但要知道，富兰克林说这句话时，是在1748年，那时候美国还没成立，美元还没诞生。即使是到了150年后的布尔战争时期（1899—1902年），英镑还是硬通货中的硬通货，当时的一英镑可以兑换7.7克黄金。当然，我们更应该关注的是富兰克林的中心思想，也就是投资的重要性，而不是纠缠于一些具体的数字上。

那么，投机又该如何理解呢？以下结合投资，一并阐释。

就汉语语境而言，投机就是乘机谋利的意思，它往往出现在实体经济领域，较常见的做法是囤积居奇、哄抬物价。例如，前些年某些无良商人炒农产品，结果出现了"豆你玩""姜你军""蒜你狠"等现象，这对实体经济和广大人民来说都是一种伤害，因此招人痛恨。所以，中国人都会认为投机是个贬义词。甚至在过去一段时期，"投机"还跟"倒把"联系在一起，是一种犯罪行为。

在西方语境中，投机则是指基于对市场的判断，把握机会，利用市场出现的价差，进行买卖，从中获得利润的交易行为。更为通俗的定义是投机就是投资机会。没有机会就不进场交易，如同打猎，不看见猎物绝不开枪。而这个交易的场，是金融交易市场，也是股票、外汇、黄金、期货等市场。可以说，投机从本质上看也属于投资的范畴。准确点讲，中国的股市想不投资都不行，因为它实行T+1制，任何人进场后至少要等1天后才能离场。而中国的期货市场就允许投机，你上一秒进场下一秒离场都可以，只要你来得及操作。

有人说，类似股票、外汇、大宗商品投资等，本质上就是赌博。其实不然，赌博具有太大的随机性。就像打麻将，一个人抓到什么牌，上家、下家和对家打什么牌，都不掌握在自己手中。不可否认，打麻将也是一种投资，只不过它的可控性太低。比打麻将更不靠谱的是买彩票，你能否认它不是一种投资吗？如果您也买过，可能也曾注意到：好多资深彩民，围着一张开奖走势图，左端详，右研究，探寻其中的规律……当我还不曾接触电子交易，不曾接触蜡烛图（K 线图）时，我对这种行为将信将疑，他们到底能不能找出规律呢？后来我先后进入了股市、期市、汇市，接触了蜡烛图和各种指标，并研究其中的规律，方知他们与当年的自己是多么可笑！

股市是有规律可循的。股市的基本面与技术面是明摆着的，每一个股民入场、离场，蜡烛图都会有所体现，专业人士如华尔街的交易员们，不仅能从中读出一国政府的态度、一家企业的现状与未来和广大股民的心理，而且除少数乌龙事件外，他们每笔交易都会非常谨慎，并且会做好风控，如止损与对冲。

风险无处不在，进场就有风险，不进场也有风险——坐吃山空岂非最大的风险？而投机异于投资的主要区别，就在于二者接受风险的程度不同。如果你有 100 万元，拿出 1 万元去做投机，完全可以。但是，如果拿出其中的 90 万去做投机，就绝对不可取，因为从 10 万元回到 100 万元非常难。有人认为这不难，那他的逻辑肯定是投机性质的，即把 10 万元投进去，翻倍，然后再投进去、再翻倍……根本不考虑赔了之后怎么办？或者说他们也考虑了风险，只是故意忽略，存有侥幸心理，这就是绝对的赌博了。绝对的赌博，风险完全不可控。所以，生活中的赌徒固然可以一时光鲜，最终都免不了穷困潦倒。

那么，又怎样看待理财呢？

我认为，不应该把理财与投资、投机并列。有人认为，理财介于投资与投机之间，这是不对的。理财，说白了就是对财产的经营管理，多用于个人或家庭层面。是选择风险系数较低的投资还是选择风险系数较大的投机，以实现个人或家庭财富的积累与攀升，完全是个人自己的事情，只要适合，谁也无可厚非。

不过，在大众的印象中，提起理财，人们首先会想到两个字：保本。这是没错的，也是我们所提倡的。因为普通人，一是缺乏专业技术与长期经验，二是个人与家庭抗风险能力低，选择保本型理财产品，收益相对较低，但风险由相关机构承担，总体来讲利大于弊。

3．全面理财与片面理财

在很多场合，我反复强调，要勤奋工作赚钱，也要学会投资理财。这好比我们的两条腿，只有两条腿一起迈动，才能实现财务自由。可是看看我们身边很多人，他们都已经进入中产阶层了，还在拼命赚钱，甚至比工薪阶层还辛苦，赚来的钱却都用在消费上，买一些浮华的东西，为物役使，没有拿得出手的资产。这样一条腿走下去，只会越走越辛苦。

说到理财，随便找一个普通人问一下，相信都能说出几种理财方式，如买基金、炒股、存银行、买房，无论是哪一样，如果单拎出来研究，都属于片面投资的范畴。

如果对这些单一的投资形式过于执着，并且陷入片面追求收益率，而忽视了其他方面回报的话，则是片面中的片面。例如，甲产品的预期最高收益率可达 20%，乙产品的预期收益率在 5% 左右，这种情况下该如何选择？这似乎是一道简单的选择题，却让不少投资者轻易踏入了投资的第一个片面性陷阱。我们必须牢记的一点是收益与风险是硬币的正反面。在理财的过程中，收益率往往是投资者们最为关心的一个问题。于是，在大多数情况下，收益率成了众多投资者选择投资产品的唯一标准。“当然选预期最高收益 20% 的产品了。”有的人毫不犹豫便做出了选择，结果往往选择错误。

另一种片面性，简单来说就是没有自己独到的投资理财方法和技能，而喜欢跟风，这样造成的结果同样悲伤大于欣喜。就以炒股为例，如果不能独辟蹊径，随大流往往死得更快、套得更牢。

人们在做出理财决策的时候，难免受到周边的影响，而理财方式的复杂多样性也会对理财者产生无形的压力，因此要想坚持自己的主见，做起来要比说起来难得多。如何避免成为理财市场的“墙头草”？对理财者而言，一个比较可行的方法就是建立起自己的理财规划。换言之，对自己的财富分配、理财方向大致上有一定的规划，在分类的基础上配合一定的原则，执行起来可能就要相对简单得多。

良好的理财应该建立在以下三个基础之上。

第一，要对理财知识有广泛的了解。合理的投资往往是组合型投资，只有广泛地了解多种专业知识，才能对理财目标进行科学地整合。现在很多人买房、买股票常常都是道听途说，而不是认真研究市场，结果往往是被套在高位。

第二，要有一定的行动力。理财不是纸上谈兵，只有经过长时间的实践操作，才能对市场有感觉，才能形成自己的理性判断和操作经验。

第三，要有正确的理财心态。理财投资中的风险与收益是对等的，急功近利往往意味着要承受更大的风险。

相对于片面理财，全面理财就很好理解了。

所谓全面理财，我认为是指理财应该贯穿一个人的一生，从生到死，时刻都要想着如何规划自己的财富，做到活着经济自由，死了能让财富传承，这也是大多数人认同并且想要实现的全面理财。

真正全面的理财，不仅包括人生中必不可少的生老病死引起的种种经济危机和财务问题，以及在日常生活中创造财富、资本运作、财富传承等，还应当包括投资计划、保险理财、退休理财、遗产理财等理财行为，而不仅仅是投资于某一个项目或者行业。许多人仅仅把理财理解为投资，这样的理解是相当不准确、是非常片面的。

根据人的生命周期，大体上可以划分出三个理财重要时期。

一是18—35岁的青年时期，这时候要着重攒钱，并尝试投资。年轻人刚刚工作，收入比较少，但需要花钱的地方很多，恋爱、结婚、买房、买车……要尽可能地减少冲动消费。由于年轻人的抗风险能力比较强，所以适度地买一点股票或者基金，为中年以后的投资积累经验，是非常可取的。

二是35—55岁的中年时期，此时应该继续攒钱，大力投资。步入这一阶段的人，已经慢慢走向成功，收入相对稳定且持续增多，所以一定要加大投资力度，为以后养老做好准备。

三是55岁以上的老年时期，应该保管好钱，少量投资。这是安享晚年的阶段，所以最好不要进行股票、基金和不动产投资。

综合起来，就是年轻人要攒财、中年人要创富、老年人要守财。

4．掌握资产配置的艺术

做过投资的、自己投资的以及帮人投资理财的人，十有八九都会说这样一句话：鸡蛋不要放在同一个篮子里！但是很少有人会告诉我们：鸡蛋应该放在几个篮子里最为合理？

这个问题没有标准答案，因为个人拥有的鸡蛋个数不一样，拥有的篮子也不一样。对有的人来讲，把有数的鸡蛋放进很多篮子，根本就是瞎折腾。但总的来讲，所有的投资人都是追求收益、回避风险的，而进行资产配置、进行多元化投资，一直是回避风险的必然选择。

资产配置是一门科学，需要构建完整的金融学知识体系；资产配置更是一门艺术，不同的人会有不同的配置偏好。对个人投资者来讲，首先要改进自己的金融思维和行动，而资产配置是非常重要的工具之一，它能够帮助人们改善投资组合的风险回报平衡，在风险一定的情况下帮人们增加总回报，在回报一定的情况下帮人们降低整体风险。

投资的对象林林总总，包括股票、债券、房产、基金、黄金、股权、期货等，选择哪些产品、如何进行配置以及持有时间的把握，都大有讲究。投资品种选择失误，或者持有阶段的时机不好，都可能导致大幅亏损，最后不但无法增值，反而会在今后的日子里受累于不当的投资决策。可以说，人们的投资收益或亏损有 80% 都可归因于资产配置选择。

资产配置的目的是让未来的自己充满希望，足以应对大部分问题，而不至于陷入绝望的境地。所以，资产配置至少应划分为以下三级：

第一级，保障基本生活，可应对短期失业；

第二级，可应对中期失业、重大危机以及经济危机；

第三级，可应对未来的中年危机、孩子教育、养老退休，可随时退休或者创业。

此外，资产配置领域还有个“1234 口诀”，其要诀在于把资产分成四个账户，下面分别述之。

第一个账户，放生活的钱，占 10%。

它是我们一般的生活账户，也就是手上持有的现金和银行里的存款。这部分钱用来满足日常的开销，建议保留出 6 个月的现金量。平常换个工作，到再有收入进账的时候，大概需要 3—6 个月的时间。所以，保留出 6 个月的量，即使面临没工作的情况，起码半年的生活还是有保障的。

第二个账户，放保命的钱，占 20%。

这是为我们个人提供意外保障的账户，一旦发生不幸情况，可以通过这种杠杆的方式保障自己。说白了，这就是保险。保险的意义在于规避不可承受的风险。如果我们还能承担得起，那么风险就不算很大，称不上灾难，也不会威胁到我们的正常生活。因此，保险的原则是保大不保小。要优先保障极端的情况，如意外险；其次是保障重大疾病险，一旦发生重大变故，可以先保障自己或家人的生活能够维持，不至把家庭逼到很窘迫的境地。

这部分资产不用配置太多，依据个人情况 10% 也是可以的。但注意一定要专款专用，用来保障的钱就是做保障用的，总是挪用，到时候难免会保障不力。所以，不建议用这部分钱买保险、投资、保值混为一谈的产品，弄不好血本无归的事情也是可能发生的。

第三个账户，放赚钱的钱，占 30%。

我们的收入中 1/3 的钱可以拿来进行理财，如股票、期货、外汇之类的投资。这是用钱生钱的账户，在承担风险的同时，也会产生很高的收益。使用这笔钱有一个非常重要的原则，即这笔钱哪怕全部亏光，也不会对正常生活产生巨大冲击。因此，务必好好考量自己的风险承担能力。在这个高风险、高收益并存的世界，作为子弹的资金是非常重要的。永远不要全部用光，哪怕一败涂地，只要有弹药就还有再战的机会。万不得已用光了，只能重头做起，慢慢积累，切忌尝试动别的账户里的钱。

第四个账户，放保本的钱，占 40%。

这个账户可以看成是退休账户，或者说是现在藏起来、将来一定会花的钱。这个账户需要每个月都固定存入一笔钱，而且首要目标就是保本，不求高回报、高收益，只要大于通货膨胀率就可以了。收益太低等于白给别人做贡献，存一辈子钱，最终被通胀拿走很多，那是相当亏的。

这个秘诀适合中产，也适合所有人。毕竟你哪怕只有几百块钱，也可以把它分成几份，慢慢配置。看看当下的你处于哪个资产配置级别，缺什么就补什么，该优化哪里就优化哪里。

5．没有稳赚不赔那回事儿

——又想骗我去养竹鼠！

——又想骗我去迪拜！

——又想骗我去卖菜！

不知不觉中，网络上开始流行上述看似调侃实则是被骗怕了的俏皮话。例如，当有人宣称养竹鼠很赚钱时，去迪拜捡垃圾也比在国内强时，某农村夫妇靠着卖菜在深圳买了两套房子，等等。

尽管我并未亲自养过竹鼠，也没有去过迪拜打工，当然也不曾卖过菜，但必须指出，这些话未必都是骗你的。再反思一下，就算我养过竹鼠并且赚过钱、去过迪拜也赚过钱、卖过菜也赚过钱又如何？我能赚到钱，不等于你也能。我不能赚到钱的事情，也不等于你不能赚到钱。

投资也好，赚钱也罢，这是一个非常复杂的事情。但很多人往往把它看得很简单，只画几条逻辑线，就认为自己这钱算是赚定了。其实自己不过是刚有了个赚钱的想法，连个规划都算不上，离真正赚钱还差十万八千里。

如果只是简单地想想也就罢了，重要的是，这给很多骗子提供了切入点。他们会不厌其烦地告诉你，这个行业非常好，你只要投资很快就能赚大钱，而且稳赚不赔。其实，世界根本就不存在稳赚不赔的事儿，就连我们前面讲过的保本型基金与保本型理财产品也是如此，本钱固然是保住了，但你投资了那么久，没赚到多少收益，这也是一种损失，而且是最大的损失，因为你损失了时间，时间成本是最大的成本，没有赚到钱就是赔了钱，我们必须明白这样一个基本事实。

传统行业我们就说到这里，接下来说说最近很泛滥的关于股票、期货投资方面的骗术。不得不提醒评相关部门，有好多客户，基本上只要开了户，很快就会有骗子拿到你的信息，给你打电话，上来就叫哥叫姐，千方百计套近乎，然后告诉你他们或者有专家坐镇，或者有资金实力雄厚的团队，或者有什么炒股神器，并且免费荐股、稳赚不赔之类，只要你相信，就不难跌入骗子精心设置的陷阱之中，造成相应的经济损失。

我身边就有这样一位朋友，他是比较资深的股民，在我们当地证券投资圈小有名气，一些亲戚朋友也委托他代为炒股。我和他也曾经交流过，他给我的感觉是比较傲，大有别人都不如他的劲头儿。这也难怪，有本事的人都有傲气。我很能理解，而且也不愿意和包括他在内的任何投资者走得太近，因为一旦走近了，别人会自然而然地让你帮忙推荐个品种，万一赚了还好，万一赔了呢？谁能保证稳赚不赔呢？就算是最高明的人，也只能保证赢面较大而已。

接着讲这位朋友，2018 年 6 月，也就是股市很不景气的阶段，他亏了一部分钱，失了信心，这时候突然接到一个来自深圳的电话，自称是一家证券投资公司的工作人员，负责免费推荐某只股票，并反复说明该股由他们公司投入主力资金运作，只要买肯定赚钱。如果客户百分百按照他们的话操作仍然亏损的话，公司承诺会给予他全部赔偿。换言之，这是一件只赚不赔的好事。这位朋友就抱着“反正自己最近也看不准，不如试试”的心理买了几千股，结果非但没盈利，还亏了上万元。

正当他为此懊恼不已之际，当初向他推荐股票的人又打来电话，声称公司一定会兑现承诺，补偿他的损失，并让他把股票交割单通过 QQ 发给自己。接下来就正式进入了套路阶段，骗子先是告诉他公司赔偿给股民的钱有限，所以建议股民向公司申请用内部价购买别的股票，并马上给出了两支股票。朋友计算了一下，发现相应股票的内部价比市场价低了不止一倍，这样的好事哪里去找，当即决定购买。然后就是打款了，打完款，对方装模作样了一番，然后告诉他已经为他申请到了几万股，但因为是内部股，只能用专门研发的软件。为了安软件，他又给骗子汇了5万元，再加上其他杂七杂八的费用，先后共计70余万元。结果如你所料，就在他一心憧憬着财富从天而降之际，先前联系他的人人间蒸发，连电话、QQ也找不到了。此刻，他才如梦方醒，一刻也不敢耽误，马上向公安部门报案。

幸运的是，公安部门迅速介入，通过深入了解案情，从骗子的取款地入手，一举端掉了这家诈骗公司。像这样不幸的事情几乎每天都在上演，只是程度不同，手法不一，有的骗子靠所谓的炒股神器牟利，有的骗子靠喊单黑你的手续费，有的骗子靠套你赚钱，有的骗子多种手法合一，只要你上钩，总有一条骗到你。其实大部分投资者并不傻，也不天真，当他们身处局外时，一眼就能看出相应的骗局。可一旦他们人在局中，特别是在他们投资失利的情况下，就会想方设法地挽回损失，追逐利润，诸如“股市有风险，投资需谨慎”之类的常识早就抛到了九霄云外，甚至不惜冒着恶意炒作资本市场的风险，企图与虎谋皮、与狼共舞，然而那些居心叵测的人又怎么可能让你得逞，他们通常对资本市场有一定了解，往往把骗局糅合在自己的专业知识中，花式组合，变幻无穷，具有较大的欺骗性和隐蔽性，除非你不贪，就想靠自己的本事赚钱，只要你贪心，就一定会被骗子利用。

最后要说的是，骗子的骗术有千万种，但换汤不换药，对于“稳赚不赔”“高收益”之类字眼，不能说一上来就绕着走，但绝不能被它们蒙蔽双眼。骗子的目的就一个，从你的口袋里把钱骗走，对此，应对策略倒也简单，就是在提高警惕的同时牢记“三不要”：一是不轻信，二是不透露隐私，三是不向陌生账号转账。只要做到这三点，骗子使尽千般伎俩也没用。

» 第十四章　有钱也不能任性的另类投资

1. 古董：前提是你真的很懂

经济领域有这样一句话：比尔·盖茨只是表面上的首富，真正的首富是那些古董收藏家。如果仅从经济价值角度来看，这句话有其道理。毕竟我们常说，某某艺术品或某某收藏品价值连城，甚至是无价之宝。比尔·盖茨再有钱，能买下一座城吗？更不要跟“无价”相比。

然而，也正如一些网友所调侃道：“无价其实就是没有价值！”站在普通人的视角，一个几百年前的盘子罐子，还不能用来吃饭，居然可以卖到上百万元，没有道理啊！你可以说这些人完全不懂，但完全不懂有时候是无害的，至少不会被人欺骗，也不会自己骗自己。再者，在古董市场上，完全了解的人其实没几个，不然就不会有央视的《鉴宝》节目到哪里都趋之若鹜的现象了。

马克思说过：“如果你要得到艺术享受，你本身就必须是一个有艺术修养的人。”收藏古董实际上是一种文化修养的体现，是一种精神气质和文化引领，是最优质的家庭文化熏陶与传承。从收藏古董的消费属性来看，藏品的独特性、稀缺性使它具有奢侈品的属性，购买藏品往往成为个人文化品位、财富和尊贵身份的象征。如果你有几个事业成功的朋友，很少会看到有人直接在客厅里摆一大捆人民币或金条，那实在太俗气。通常都是弄个书架，摆几件古董、奇石或古玉什么的，有钱就不说了，还显得有品位。

收藏古董称得上是融多种功能于一体，既可以记录历史、传承记忆、增长知识、怡神养性、陶冶情操，还可以保值增值，这也是最主要的一点。中国古代曾有这样的说法：“粮食生意一分利，布匹生意十分利，药材生意百分利，古玩生意千分利。”其实不仅是在中国，国内外每个时代都会涌现大批古董爱好者与投资人，他们以保值增值为目的，低价买进，高价卖出。有的经过几年的市场运作发了财，完成了原始资本的积累，顺便也成了鉴定方面的大行家。即便是那些只把收藏当业余爱好的藏家，看到自己的藏品在短短几年时间内价格翻上几番，也会感到莫大的快乐。按照美国10年期投资回报率统计，房地产的投资回报率是4.5%，股票是13%，投资古董及艺术品则是24.5%，真是充满了诱惑的想象空间。

举个例子，2018年6月，在香港奥斯丁拍卖会上，成交了一枚中华民国三年袁大头银币，成交价是162.5万元。一枚问世不过100多年的银币，居然拍出了如此天价，连银币的原主人都很意外，在现场连问了三遍“真的？是真的吗？真的卖了这么多？”

为什么这些在普通人眼里“既不能吃、也不能喝”的古董会屡屡拍出天价呢？这正应了那句老话：“国泰民安乐，盛世兴收藏。”随着人们生活水平的不断提高，收藏热势必不断升温。据不完全统计，我国现有各类相关协会近万家，爱好者至少3000万人，且有逐年上升的趋势。

如今的古董市场，也早已突破了传统的古玩、古币、古籍、古画、观赏石等范围，诸如邮票、粮票、纪念章、连环画、酒瓶、收音机、挂历等所有在历史上存在过的物品，包括一些新的、稀缺的物品，都成了人们的收藏对象。

但是，爱好与投资是两码事。我个人并不喜欢收藏，对这个领域也不太感兴趣。虽然我也喜欢文化，但读读书对我来讲已经足够了。至于投资，我有股票、期货等自己非常擅长的领域，犯不着去冒险。我相信在众多藏友中间，想赚钱的想法还是占主体的。我们也常听到有些人投资收藏品经常捡到“漏”，例如，在某某地摊或乡下，机缘巧合，淘得一宝，赚得盆满钵满。但是，从整体的投资角度来讲，古董及藏品投资并不美好。

首先，它过于专业化。投资古董的行家们都知道，这是一个用血泪教训教育出来的市场，如果说一个人没有因为投资古董亏过几次大钱，基本上连入门都谈不上。这种亏损的情况，用专业行话来讲叫“打眼”。而且由于利润巨大，导致市场上赝品极多，即使是最专业的鉴定专家，也有防不胜防的时候，所以这根本不适合普通投资者涉足。

其次，在古董市场上，由于古董远低于股票、债券、基金等资本市场交易幅度的特点，所以它具备低流动性、不透明性、数量和质量不定供给的劣势，再加上市场信息严重不对称，最终导致投资古董安全性相对较低。即使是真品，有时候也因为自己不懂，好东西往往也卖不上好价。以往，人们认为拥有大师级鉴定专家的拍卖行最值得依赖，不过最近几年，媒体上不断出现一些买家或卖家与拍卖行打官司的报道，不管这些案件背后的真相如何，它至少说明，如今到拍卖行去买藏品也并非万无一失了。

最后，收藏本身也有其风险。一件上亿元拍来的瓷器，放在一个马大哈型的藏友手里，没准哪天就会失手摔个稀巴烂；一件流传了上千年的名人字画，流转到一个不懂得保存的人手里，没准会泛潮、生霉，影响品相不说，甚至会直接毁掉藏品。

所以，我绝不反对大家去收藏古董，只是建议大家多学习些专业知识再进场，免得被这个“水很深”的市场所伤。

2．比特币：区块链的“私生子”

近日有媒体报道，北京某区有一位60余岁的老人，因为陷入区块链传销，已经透支了儿子的4张信用卡，用于购买各种虚拟货币。老人明显是上了当，但立场相当坚定，表示自己曾请风水师给自己看过“接下来肯定会飞黄腾达，看来看去，不就是这个币嘛！”他还坚信到2020年，自己的一枚币就价值一套别墅……

谁也不想看到这类新闻，但伴随着区块链的火爆，已经诞生了一种新型的行骗手法。一些打着区块链幌子的骗子，把手伸向了一些对区块链一无所知却对一夜暴富很感兴趣的人，特别是老年人与青年人。上述报道不过是冰山一角。

不错，确实有人通过炒币赚了大钱，但也有人亏得“一塌糊涂”。哪怕钱都亏完了，也不敢说已经了解了区块链。那么，区块链究竟是什么？人们常谈论的比特币又是什么？下面介绍一些基本概念。

首先要知道，区块链不等于比特币。简单来讲，区块链是比特币的底层技术。尽管很多人是通过后者才了解到前者，可以说是比特币成就了区块链。但比特币只是区块链的“孩子”，既然它能“生”下比特币，自然也能“生”其他币，如以太币、小蚁币等。

而之所以在标题中称比特币是区块链的“私生子”，主要是这种虚拟货币从未得到主流国家政府的认可，也没有得到诸如股神巴菲特等传统金融大鳄的关爱，巴菲特本人曾不止一次唱衰比特币，直言买比特币不是投资，而是赌博，只是希望有人付更多钱做接盘侠。

客观地说，股神说的也不一定对，毕竟股神当年不也曾被套过吗？但以比特币为首的各种虚拟货币的高风险性是毋庸置疑的。如果你现在入手了比特币，并且是在价位较低的时候进的场，那我应该恭喜你，并且佩服你的专业眼光。事实上，因为背后有庞大的人群支撑，比特币的价值已经有目共睹。但这并不表示你现在还来得及进场，因为它的门槛已经太高了，5 万多元一枚，并不适合普通人。而如果你投资的是别的币，特别是一些不入流的虚拟币，乃至山寨币和传销币，那我只能提醒你早撤早好，并且以后永远不要再碰它们。因为它们从一开始就是为了骗你的钱而开发的。

区块链也好，比特币也罢，之所以容易被骗子盯上，主要是因为它们自身的特点。例如，比特币，它是一种虚拟币，不存在于任何地方，包括你的电脑硬盘或其他任何存储设备里。你所持有的比特币，只是拥有比特币的地址。这个地址则是充当了一个银行账户，没有任何一个实物或者某个数据文件叫作比特币。比特币的所有交易都存放在巨大的账本文件中，而这个账本就是区块链。你的“银行账户”（比特币地址）的余额，并不是直接存放在地址里，而是计算出来的，你的比特币，说白了就是一串代码。而这一点很容易被骗子利用，他们会告诉你：“比特币也没有真正的币，都是虚拟币！”但他们既不会告诉你比特币经过 10 年的检验已经有其价值而传销币没有，更不会告诉你就算是比特币也存在极大风险。

大多数传销币均宣称自己的造币模式与比特币一致，但双方的区别在于比特币开放源代码，而且总量有限（约 2100 万个）。每个比特币的产生都是透明的，都有“账”可查，不受任何操纵。而且挖矿的过程非常耗电，有些小国的电力居然有很大一部分被消耗在了这上面，挖出一个比特币的代价非常高昂，其高币值正是建立在其高成本上；而传销币一来不开放源代码，产生虚拟货币的速度、数量都由传销币平台操纵；二来只要他们愿意，可以无限增发，不费事也不费电。这样的币不存在稀缺性，不存在稀缺性就没有投资价值，最后只能沦为一场没有价值的击鼓传花，寻接盘侠的骗局。

打个不太恰当的比方：传销币类似于Q币，Q币想发多少就发多少，你买的时候花了多少钱根本不重要，重要的是你想出手时根本没有人回收。当然，Q币还能带来快乐，而传销币带给你的只能是痛苦——漫长的痛苦。

最后，说回区块链，这确实是一项非常伟大的新技术，它在未来将大大降低现实经济的信任成本与会计成本，重新定义这个世界的产权制度，并且会与互联网、物联网、大数据、云计算、人工智能等高新科技共同成为未来经济的基础、支撑和新引擎。但未来毕竟还没来，区块链与各种虚拟货币也不是一回事，政府对它们的态度泾渭分明，那就是大力支持区块链技术，严厉打压私自发币与交易，对稳健至上的广大投资者来讲，明显还不是介入的时机。

3．P2P 的前世今生

如果有人告诉你，有一个新兴的金融领域，在一个半月的时间内，居然有 100 多家平台先后倒闭，你会不会投资？

相信你不会。

如果有人告诉你，还有一个新兴的金融领域，近来风头正劲，国家大力支持，利率也很高，你会不会选择投资？

相信你会。

其实上文讲的是一件事，相关平台就是近些年很火的 P2P 行业。

但不得不说，有个新渠道，总比没有的好。有了支付宝，人们就很少用网银了。在没有借呗、花呗之前，普通人想跟银行借点钱很难。所以，银行外体系的崛起是一种很好的、良性的刺激。

然而，现在讨论 P2P 等所谓互联网金融的崛起与成就还为时过早，甚至可以说是非常不合时宜。如前所述，一个半月倒闭了 100 多家平台，借用一句电视台词——让人情何以堪？

当然，P2P 模式本身是好的。P2P 克隆的是孟加拉国诺贝尔和平奖获得者尤努斯的乡村银行。尤努斯是教授、学者兼银行家，他从青年时代就致力于改善本国底层人民的贫困状况。通过实践，他发现单纯给穷人钱是不行的。直接给钱，无论如何也改变不了他们的现状。要给他们贷款，不仅要还本，还要付利息，利息还不能太低。其背后的逻辑是，因为拿到的是借款，所以不仅要还本，并且还要付息。贷款人必须要创造，必须赚到钱才能还钱，从而脱离贫困模式，这是正当的社会慈善模式。另外，简单地给钱，还会激发人性中的恶。基于此，尤努斯于1983年创建了格莱珉银行，通过开展无抵押的小额信贷业务和一系列金融创新机制，创造了利润，也使成千上万的穷人，尤其是孟加拉妇女摆脱了贫困，使扶贫者与被扶贫者达到了双赢。

格莱珉银行创办至今，已帮助了数百万名借款人，间接影响的人更是多达几千万。盈利方面，除了创办当年、1991年和1992年两个水灾特别严重的年份，其余年份一直保持盈利。我们知道，盈利越多，意味着贷出款项也越多。那么这部分资金从哪里来呢？除了原始资本和数年的盈利外，格莱珉银行在提供小额贷款的同时也鼓励小额存款，真正做到了取之于民，用之于民。

后来，一位美国人将这一思想提炼并创新，创办了全球首家P2P小额贷款平台，即PROSPER，通过撮合资金富余者和需要借款的人，从中收取一定利息。平台成立后的3年时间里，PROSPER运行得非常好，相关借贷金额共计约12.5亿人民币，逾期还款率仅2.83%。再加上一轮又一轮融资的成功，引起了很多创业者及传统借贷公司的模仿，直至发展成为全球瞩目的新兴行业。

进入中国后，P2P模式得到了更加长足的发展。但几乎从它飞速发展的那一刻起，就不断有平台倒闭、跑路或者经营困难。2018年则是P2P行业的绝对低谷期，那么，原因何在？

本人有幸恰好在P2P行业摸爬滚打过几年，对其原因称得上了解甚深。

首要原因，我认为是没有一家P2P平台的初心能比得上尤努斯。尤努斯教授是为了彻底改变穷人的命运才要求穷人付一定的利息，国内的P2P公司则单纯是为了挣钱。尽管平台一个个都宣称自己有情怀，但事实上是怎么回事，大家都心知肚明。在 P2P 平台贷款的利息通常都非常高，一度到了监管部门三令五申不得超过 36% 的地步。想想看，一个企业家得有多大的魄力才会去借如此高息的贷款？这样的贷款对企业来说究竟是帮助还是戕害，结论是显而易见的。

作为曾经的从业者，我也深知 P2P 平台们的苦衷。一方面，他们必须给投资者高额回报，以便从银行等传统金融机构争夺理财客户；另一方面，就如同银行大多开在繁华闹市一样，P2P 公司也大多开在高级写字楼里，租金、装修、人员、维护等各方面开销不菲。然而，羊毛终究要出在羊身上，不提高放贷利率，怎么生存下去？这应该是当前 P2P 平台的一大死结。

最后要说的是，这绝不意味着 P2P 将万劫不复，这场行业的洗牌只会促进行业最终的健康发展。

至于如何投资和选择 P2P 平台，我在这里给出三点建议。

一是尽量选择上市企业，而不仅仅是品牌响亮。品牌只要“烧”钱都能“烧”得出来，但上市企业有披露机制，想作假很难，同时上市公司还有相对源源不断的财源。

二是尽量不要购买太长线的理财产品。我本人购买的产品最多不超过 1 年，因为行业发展、变动得太快，谁也说不准明天会怎样，包括 P2P，也包括其他新兴的理财方式。

三是在前面的基础上，做到合理的资产配置。个人认为一个人放在 P2P 理财上面的资金不宜超过全部资产的 20%。当然，不管购买的是哪家公司的产品，买了多久，买了多少，都必须时刻关注相应平台的风吹草动，事情不妙，赶紧撤资走人。

4. 先富脑袋，再富口袋

不知不觉，已到了本书收尾之际。

应该说，我们几乎穷尽了当前所有与中产阶层的事业和生活息息相关的金融知识与技巧。但我们讲得再多也没用，一是时代在进步，新技术、新概念、新模式不断推陈出新，我们无法提前预知它们，就像 20 年前的人无法预言比特币一样；二是作者写书是一回事，读者读书是另一回事。如果读者不用心品读、谨慎实践，再好的书也无异于废纸。学习的核心是主动加持之以恒。灌输，或许能灌得进知识，但输不出智慧。

“先富脑袋，再富口袋。”事实一再证明，那些只想着赚钱取利的人，最终都是为别人做了贡献。因为金融市场有其独有的规则，一定要把它读懂看透，才可以进行下一步。很多人都是在吃亏之后，才意识到自己实在太仓促了。有一小部分人，尚且能从失败中总结出一些经验，并且以此为契机，展开系统的学习，最终从哪儿跌倒从哪儿爬起来。另一部分人，则对着市场大骂一番，从此再不复来。

但他们真的不来了吗？怎么可能！

以股票市场为例，看到一些“熊转牛”的假象，或道听途说一番，他们就能马上腾出资金，兴奋入场，恨不得背上几个麻袋到股市装钱。结果上场即被套，被套即割肉，割完再战，还是先被套后割肉。当然也有小赚的可能，但小赚是为接下来的大亏做铺垫，因为没有切实的能力做支撑。有的人倒是能扛，但股市迟迟不回暖，而自己别的地方又需要资金，扛到一定程度后，又无可奈何地付出一大笔印花税和亏损之后，落荒而逃。过一段时间，他们又回来了，一是又有了些资本，二是股市又有了回暖的征兆，但股市割韭菜割的就是他们这些进进出出的人。最终，能够在股市赚到钱的，除了庄家，只有那些有足够定力也有足够学习能力的人。

学习能力强是中产阶层的普遍特征，但成为中产之后，有些格局小的人会迷恋上自己的小成就，那些能够更上一层楼的人则往往更加谦虚好学。因为他们知道，没钱是暂时的，有钱也是暂时的，把钱投资在自己的头脑上，才是最安全的投资，可以说永远不会亏本。

对那些暂时还没有成为中产的人来讲，首先需要明白，生活状况较差，往往并不是因为你不够勤奋，相反你可能无比勤奋，但你不会因为夜以继日的工作而致富。要学会抽出时间来，学习那些能有效提升自我的知识、技术、经验和方法。

有句俗语是“人两脚，钱四脚”，意思是钱有四只脚，钱追人比人追钱快多了。凭脚力是追不上钱的，就像古代的军师一样，运筹帷幄之中，决胜千里之外，大脑灵光一动，不用追钱，钱自会来倒追你。前提是不能慌，如果大脑一片空白，莫说运筹帷幄，就是同样学习也比较慢。不断学习，日积月累，学习能力才会越来越强。

总之，学习是人人都要有的投资。你可以不炒股、不做期货，与外汇绝缘，甚至连储蓄都没有，但不能不为自己的未来投资。所有的投资本质上都是在投资未来，希望读者能在通读此书的基础上，阅读更多专业好书，而不是止步于金融常识。

附 录

常用金融词汇中英文对照表

行业	中文	英文
银行	现金业务 转账业务 汇兑业务 发放贷款 存款单 自动存取机 存单 存折 信用卡 透支 背书 兑现 兑付 支票 无人银行 信用社 坏账 结余	Cash Business Transfer Business Currency exchange business Loans Pay-in Slip A Banding Machine Certificate of Deposit Deposit Book, Passbook Credit Card Overdraft, Overdraw To Endorse To Cash To honor a Cheque Cheque,Check Self-Service Bank Credit Cooperatives Bad Debts Surplus
股票	竞价系统 熊市 牛市 蓝筹股 取消 放量（买/卖） 平仓 佣金 震荡区 整理区 红利 抛售 除权 跳空 托盘 横盘 指数 机构 券商 内幕交易 对敲 市盈率	Ask-Bid System Bear Raiders Bull Market Blue-Chip Stocks Cancellation Climax(Buying/Selling) Closing Transaction Commission Congestion Area Distribution Area Dividends Dumping Ex-Right(XRT) Gap Holding the Market Horizontal Price Movement Index Institution Broker/Dealer Insider Trading/Dealing Matched Orders P(Price)/E(Earnings) Ratio

续表

行业	中文	英文
期货	仓位 平仓 保证金 原始保证金 维持保证金 保证金追缴 第一通知日 最后交易日 交割 转仓 基差 价差 对冲 多头市场 空头市场 空头回补 软商品 逐日结算 结算价格	Position Offset；Square；Liguidate Margin Initial Margin Maintenance Margin Margin Call First Notice Day Last Trading Day Delivery Switch Basis Spread Hedge Bull Market Bear Market Short Covering Soft Commodities Mark To Market Settlement Price
外汇	结余 基点 撤销前有效 开放定单 隔夜交易 盯住 升水 汇率 续期 即期 掉期 交易成本 交易日 成交量	Balance Basis Point GTC Open Order Overnight Pegging Premium Rate Rollover Spot Swaps Transaction Cost Transaction Date Volume

续表

行业	中文	英文
保险	保险	Insurance
	保险公司	Insurance Company
	保险经纪人	Insurance Broker
	承保人	Insurance Underwriter
	投保人	Insurance Applicant
	被保险人	Insurant, the Insured
	投保	To Cover Insurance
	保险范围	Insurance Coverage;Risks Covered
	投保单	Insurance Slip
	保险金额	Insured Amount
	保险条款	Insurance Clause
	保险条件	Insurance Conditions
	承保险项	Risk Insured, Risk Covered
基金	主动式管理	Active Management
	子基金	Baby Funds/Underlying Funds
	互惠基金	Mutual Fund
	地区基金	Regional Fund
	均衡基金	Balanced Funds
	杠杆	Leverage/Gearing
	年化收益	Annual Return
	供款	Contribution
	定息基金	Fixed-income Fund
	沽空	Short Selling
	股票基金	Equity Fund
	保本对冲基金	Capital Guaranteed Hedge Funds
	封闭式基金	Closed-end Fund
	首次认购费	Front-end Fee
	基金经理	Fund Manager
	离岸基金	Offshore Fund
	新兴市场基金	Emerging Markets Fund
	管理费	Managemant Fee
	传统基金	Traditional Fund
	债券基金	Bond Fund
	单一对冲基金	Single Strategy Hedge Fund
	单位信托基金	Unit Trust
	开放式基金	Open-end Fund
	环球基金	Global Fund
	绝对回报	Absolute Return
	认沽期权	Put Option/Put
	认股权证基金	Warrant Fund
	赎回	Redemption

续表

行业	中文	英文
债券	债券	Bond, Debenture, Debts
	公债	National/Government Bond
	可转换债券	Convertible Bond
	国库券	Treasury
	企业债券	Corporate Bond
	动产抵押债券	Chattel Mortgage Bonds
	不动产担保债券	Real Estate Bond
	建设公债	Construction Bond
	农业债券	Farm Bond
	定期债券	Fixed-Maturity
	分期偿还债券	Instalment Bond
	有奖公债	Lottery Bond
	参与分红的公司债券	Participating Bond
	有奖储蓄公债	Premium Savings Bond
	收益担保债券	Revenue Bond
	短期债券	Short Term Bonds
	信用债券	Unsecured Bond
	收费公路公债	Toll Road Bonds
信托	信托	Trust
	委托人	Settler
	受托人	Trustee
	受益人	Beneficiary
	信托财产	Trust Property
	信托条款	Trust Terms
	公益信托	Charitable Trusts
	信托基金	Trust Fund
	共同信托基金	Common Trust Fund
	公司信托	Corporate Trust
	累积信托	Accumulation Trust
	追索信托财产	Tracing or Following Trust Property
	隔代信托	Generation-Skipping Trust
	生前信托	Living Trust
	遗嘱信托	Testamentary Trust(or Trust Under Will)
	不完全义务信托	Imperfect Obligation Trust
	法定信托	Statutory Trust
	国民信托	National Trust
	收益信托	Income Trust
	商业信托	Business Trust
	不动产投资信托	REITs